Die Kunst, mit Gesetzen umzugehen

Jochen Theurer

Die Kunst, mit Gesetzen umzugehen

Eine Reise an die Grenzen des Rechts

Jochen Theurer
Stuttgart
Schwieberdingen, Deutschland

ISBN 978-3-658-23182-8   ISBN 978-3-658-23183-5 (eBook)
https://doi.org/10.1007/978-3-658-23183-5

Die Deutsche Nationalbibliothek verzeichnet diese Publikation in der Deutschen Nationalbibliografie; detaillierte bibliografische Daten sind im Internet über http://dnb.d-nb.de abrufbar.

© Springer Fachmedien Wiesbaden GmbH, ein Teil von Springer Nature 2019
Das Werk einschließlich aller seiner Teile ist urheberrechtlich geschützt. Jede Verwertung, die nicht ausdrücklich vom Urheberrechtsgesetz zugelassen ist, bedarf der vorherigen Zustimmung des Verlags. Das gilt insbesondere für Vervielfältigungen, Bearbeitungen, Übersetzungen, Mikroverfilmungen und die Einspeicherung und Verarbeitung in elektronischen Systemen.
Die Wiedergabe von allgemein beschreibenden Bezeichnungen, Marken, Unternehmensnamen etc. in diesem Werk bedeutet nicht, dass diese frei durch jedermann benutzt werden dürfen. Die Berechtigung zur Benutzung unterliegt, auch ohne gesonderten Hinweis hierzu, den Regeln des Markenrechts. Die Rechte des jeweiligen Zeicheninhabers sind zu beachten.
Der Verlag, die Autoren und die Herausgeber gehen davon aus, dass die Angaben und Informationen in diesem Werk zum Zeitpunkt der Veröffentlichung vollständig und korrekt sind. Weder der Verlag, noch die Autoren oder die Herausgeber übernehmen, ausdrücklich oder implizit, Gewähr für den Inhalt des Werkes, etwaige Fehler oder Äußerungen. Der Verlag bleibt im Hinblick auf geografische Zuordnungen und Gebietsbezeichnungen in veröffentlichten Karten und Institutionsadressen neutral.

Titelbild: Adobe Stock/Evgeny Dubinchuk

Springer ist ein Imprint der eingetragenen Gesellschaft Springer Fachmedien Wiesbaden GmbH und ist ein Teil von Springer Nature
Die Anschrift der Gesellschaft ist: Abraham-Lincoln-Str. 46, 65189 Wiesbaden, Germany

Für Luoli

Wohin die Reise geht

Warum werden viele Gesetzesübertreter nicht angemessen bestraft?
Unser Rechtsstaat basiert auf zwei zentralen Glaubenssätzen: „Vor dem Gesetz sind alle gleich" und „Richter entscheiden nur nach Recht und Gesetz". Das klingt gut, aber im echten Leben ist es oft anders. Global tätige Unternehmen wie Amazon, Apple, Google oder Facebook machen Milliarden-Gewinne, bezahlen aber trotzdem kaum Steuern. Prominente Politiker und hochrangige Manager landen auch bei massiven Gesetzesverstößen nur selten im Gefängnis. Auf wundersame Weise werden die Verfahren in Parteispendenaffären und gegen Jungs wie Josef Ackermann oder Klaus Zumwinkel fast immer eingestellt oder enden mit einer Bewährungsstrafe – also ganz ohne praktisch spürbare Konsequenzen. Wie kann das sein? Im Grunde ist es ganz einfach. Ein Gesetzesübertreter wird nur dann bestraft, wenn folgende Umstände zusammenkommen: Die Tat wird entdeckt. Ein Staatsanwalt erhebt

Anklage. Der Richter verurteilt den Angeklagten. Die Strafe wird vollstreckt. Reißt die Kette nur an einer Stelle, bleibt die Übertretung des Gesetzes ungesühnt.

Justizia ist nicht blind, sondern schizophren

Recht und Gesetz sind keine abstrakten Gebilde. Recht und Gesetz, das sind die Menschen, die damit umgehen. Alle, die sich auf Gesetze berufen, damit argumentieren, danach handeln und anderen unter Hinweis auf ein Gesetz vorschreiben, was sie tun oder lassen sollen. Doch wo immer Menschen sind, gibt es unterschiedliche Interessen. Niemand handelt völlig objektiv und neutral. Und so lassen auch die in der Justiz tätigen Personen immer wieder ihre persönlichen Motive, Neigungen und Interessen einfließen – oft auch unbewusst und ohne, dass man das von außen merkt. Denn wie kann man als Außenstehender sicher erkennen, ob eine konkrete Entscheidung allein nach Recht und Gesetz erging oder ob subjektive Motive mit ausschlaggebend waren? Niemand kann in den Kopf einer anderen Person schauen.

Dass soll natürlich nicht bedeuten, dass alle Richter, Politiker oder Rechtsanwälte grundsätzlich egoistisch handelten. In der Regel sind sie aufrichtig engagiert – und Idealisten gibt es überall.

Wer sich nicht auskennt, wird leicht ausgenutzt

Gesetze bestimmen unser aller Leben. Deshalb sollte man wenigstens in Grundzügen wissen, wie das Rechtssystem funktioniert. Denn wer sich nicht auskennt, wird leicht ausgenutzt. In den folgenden Kapiteln geht es um Fragen, über die Juristen, Politiker und Menschen mit Geld nur selten offen sprechen:

- Warum kommen Juristen bei der Bewertung ein und desselben Falls nicht immer zum selben Ergebnis?
- Warum spielt die Wahrheit vor Gericht nicht die entscheidende Rolle?
- Warum entscheiden Richter nicht immer nur nach Recht und Gesetz?
- Warum helfen Rechtsanwälte auch den bösen Buben?
- Warum gibt es Gesetzeslücken?
- Warum haben es Menschen mit Geld leichter vor Gericht?
- Warum kann es manchmal sinnvoll sein, ein Gesetz zu übertreten?
- Warum wird nicht jeder Gesetzesverstoß bestraft?
- Warum hört der Kampf ums Recht nie auf?

Was finden Sie unfair?
Dieses Buch will Sie unterhalten und informieren, es stellt mit Ausnahme von Kap. 11 keine Handlungsanleitung dar.

Helfen Sie mit, unser Justizsystem gerechter zu machen. Sie kennen Fälle, in denen Gesetzesübertreter nicht oder nicht angemessen bestraft wurden? Sie können Ihr Recht nicht durchsetzen, obwohl Sie eindeutig im Recht sind? Sie haben eine weitere Lücke im Gesetz gefunden? Dann schreiben Sie mir gerne eine Nachricht. Und auch über weitere Fragen, Anregungen oder Kritik zu diesem Buch freue ich mich.

Herzliche Grüße
Dr. Jochen Theurer

Inhaltsverzeichnis

1 Schmerzensgeld für einen Mörder? – Recht ist relativ   1

2 Alternative Fakten im Recht – Was ist Wahrheit?   21

3 Entscheidend ist, wer entscheidet – Richter sind auch nur Menschen   39

4 Oh wie schön ist Panama – Rechtsanwälte in Aktion   59

5 Warum befolgen wir Gesetze? – Das Wunder des Rechts   75

6 Auf einem Auge blind? – Die überforderte Verwaltung   91

7	Egoismus oder Gemeinwohl? – Die Motive des Gesetzgebers	107
8	Drohnen über Pakistan – Recht und Gewalt	121
9	Tarnen und täuschen – Die Grenzen des Rechts	133
10	Legal oder illegal? – Das Ende des Gesetzes	149
11	Auf zu neuen Ufern – die 10 besten Strategien, mit Gesetzen umzugehen	163

1

Schmerzensgeld für einen Mörder? – Recht ist relativ

> **Übersicht**
>
> Theoretisch bilden die Gesetze ein einheitliches und logisch zusammenhängendes System. Bei korrekter Anwendung der Gesetze kommen deshalb alle Juristen in ein und demselben Fall zum gleichen Ergebnis. Praktisch kann man nie wirklich sicher sein, wie ein Richter entscheiden wird. Denn fast in jedem Fall lassen sich mehrere, zum Teil auch völlig gegensätzliche Ergebnisse juristisch korrekt begründen.

Der Fall Gäfgen
Am Morgen des 1. Oktober 2002. Ein Verhörzimmer im Polizeipräsidium in Frankfurt. Der Beschuldigte wird seit 22 h ohne Pause verhört. Immer wieder macht er völlig andere Angaben und versucht, die Beamten in die Irre zu führen. Der Kriminalkommissar ist verzweifelt. Seit mehr als drei Tagen gibt es von dem entführten Jungen kein Lebenszeichen mehr. Ohne Wasser kann ein Mensch nur

vier Tage überleben. Die Ermittler arbeiten unter Hochdruck. Doch der mutmaßliche Entführer schweigt. Da greift der Kommissar zu einem drastischen Mittel: „Wenn Du weiter lügst, machen wir was anderes. Wir fliegen einen Spezialisten ein. Der tut Dir weh, aber richtig. Der Typ weiß genau, wie man das macht. Und ganz ohne Spuren." Dazu macht er rotierende Bewegungen mit seiner Hand: „Der Hubschrauber ist schon unterwegs."

So war es damals im Entführungsfall Jakob von Metzler. Der Entführer Magnus Gäfgen bekam durch die Drohung des Kriminalkommissars tatsächlich Angst und führte die Polizisten zu dem Versteck an einem kleinen See. Allerdings hatte er den Jungen bereits am Tag der Entführung erstickt. Es folgte eine Reihe juristischer Auseinandersetzungen. Gäfgen wurde wegen Mordes zu einer lebenslangen Freiheitsstrafe verurteilt. Kontrovers diskutiert wurde jedoch das Verhalten des Kommissars. Hat dieser sich wegen der Drohung, Gäfgen Schmerzen zuzufügen, strafbar gemacht? Und hat Gäfgen deshalb einen Anspruch auf Schmerzensgeld?

Theoretisch ist Recht ganz einfach

Ist Jura kompliziert? Zu Beginn meines Studiums habe ich geglaubt, dass es für jede rechtliche Frage genau eine richtige Lösung gibt. Ich war davon überzeugt, dass sich die von mir intuitiv als gerecht empfundenen Antworten leicht aus dem Gesetz ergeben würden. Doch schon in der ersten Fallbesprechung Strafrecht wurde ich mit der Realität konfrontiert. Eine Ehefrau hatte sich einen Liebhaber zugelegt. Und wie es halt so kommt: Eines Tages erfährt ihr Mann davon, wird rasend vor Eifersucht und erschlägt sie. Juristen fragen sich nun: Ist dieses Motiv besonders verwerflich, sodass die Tat einen Mord darstellt, oder kann der Mann nur wegen Totschlag bestraft werden? Die Konsequenzen für den Täter sind enorm: Bei Mord gibt

1 Schmerzensgeld für einen Mörder? – Recht ...

es zwingend eine lebenslange Freiheitsstrafe, bei Totschlag kommt man im besten Fall mit fünf Jahren davon. Entsprechend hitzig war die Diskussion. Schließlich richteten sich alle Augen auf den Kursleiter. Wer hatte Recht? Verschmitzt grinste er uns an: „Es gibt keine richtige Lösung. Ihr könnt beides vertreten. Wichtig ist nur, dass ihr es gut begründet."

Theoretisch ist Recht also ganz einfach. Eine Norm besteht aus Tatbestand und Rechtsfolge. Im Tatbestand steht, welche Voraussetzungen vorliegen müssen, damit die Rechtsfolge eintritt. So ist zum Beispiel in § 223 StGB die Körperverletzung geregelt:

> Wer eine andere Person körperlich misshandelt oder an der Gesundheit schädigt (=Tatbestand), wird mit Freiheitsstrafe bis zu fünf Jahren oder mit Geldstrafe bestraft (=Rechtsfolge).

Ob der Tatbestand erfüllt ist, hängt vom Sachverhalt ab. Der Sachverhalt ist das, was im echten Leben passiert: Gäfgen hat den Jungen entführt und erstickt. Gäfgen hat von den Eltern des Jungen Lösegeld gefordert. Der Kommissar hat zu Gäfgen gesagt: „Wir fliegen einen Spezialisten ein. Der tut Dir weh, aber richtig." Zunächst muss man also den Sachverhalt ermitteln. Dann kann man den Sachverhalt unter die Norm subsumieren. Dabei prüft man, ob der Sachverhalt die Voraussetzungen der Norm erfüllt und welche Konsequenzen sich daraus ergeben. In vielen Fällen ist die Subsumtion einfach. Wenn jemand einem anderen Menschen grundlos ins Gesicht schlägt (=Sachverhalt), misshandelt er ihn offensichtlich (=Tatbestand erfüllt) und kann deshalb nach § 223 StGB wegen Körperverletzung mit einer Freiheitsstrafe bis zu fünf Jahren bestraft werden (=Rechtsfolge).

Kniffliger wird es, wenn in einem Gesetz abstrakte Begriffe vorkommen. Das sind Wörter, die man sich in der Realität nicht leicht mit einem eindeutigen Bild vorstellen kann wie Betrug, Täuschung, Sachmangel oder Rechtsbeugung. Für jeden abstrakten Begriff gibt es zwei Kernbereiche und einen Randbereich. Der positive Kernbereich sind all die Situationen, die die meisten Menschen mit diesem Begriff verbinden. Der negative Kernbereich sind die Fälle, die fast alle Menschen nicht mit dem Begriff verbinden. Bezüglich des Begriffs Haustier gehört zum Beispiel ein Wellensittich zum positiven Kernbereich, ein Löwe zum negativen. Dann gibt es noch den Randbereich, also die Fälle, für die ein Teil der Menschen den Begriff benutzt, ein anderer aber nicht. Je abstrakter ein Begriff, desto größer ist sein Randbereich. Die meisten Gesetze enthalten mindestens einen abstrakten Begriff. Das hat den Vorteil, dass der Gesetzgeber damit viele unterschiedliche Fälle mit einer einzigen Regelung erfassen kann. Aber je abstrakter ein Begriff, desto größer ist die Wahrscheinlichkeit, dass zwei Personen darunter nicht exakt das gleiche verstehen. Dann ist nicht auf den ersten Blick klar, ob der Sachverhalt ein Tatbestandsmerkmal erfüllt oder nicht. Und das führt zu Komplikationen und Rechtsstreitigkeiten.

Um solche Fälle zu lösen, gibt es die vier klassischen Auslegungskriterien:

- Wortlaut: Was bedeuten die verwendeten Begriffe?
- Systematik: Wie wirken sich die übrigen Paragrafen und Gesetze aus?
- Entstehungsgeschichte: Wie kam das Gesetz zustande? Was wurde im Gesetzgebungsprozess diskutiert?
- Sinn und Zweck: Was soll mit der auszulegenden Norm erreicht werden?

1 Schmerzensgeld für einen Mörder? – Recht ...

Mit diesen Kriterien sucht man Argumente, die für oder gegen ein bestimmtes Auslegungsergebnis sprechen. Allerdings gibt es keine Vorgaben, wie man das macht. Nirgends steht geschrieben, wie man die Bedeutung eines abstrakten Begriffs herausfindet. Das kann und muss jeder, der ein Gesetz auslegt, selbst entscheiden. Der eine schaut ins Wörterbuch, der andere bastelt sich selbst eine Definition – beides ist juristisch völlig korrekt. Denn im Rahmen der Auslegung gibt es kein richtig oder falsch. Ein Auslegungsergebnis kann immer nur mehr oder weniger überzeugend sein. Und das gilt auch für die anderen Auslegungskriterien. Nirgends ist geregelt, welche Schlussfolgerungen man unter welchen Bedingungen aus den übrigen Gesetzen soll oder welche Umstände bei der Entstehung eines Gesetzes wie zu bewerten sind. All das liegt vollkommen in der Macht desjenigen, der das Gesetz auslegt. Besonders deutlich ist das beim Sinn und Zweck der Norm. An der Schaffung eines Gesetzes sind meistens Dutzende oder sogar hunderte von Personen beteiligt. Da gibt es nicht den einen ganz bestimmten Zweck. Sogar bei Strafgesetzen kann man das geschützte Rechtsgut meist nur sehr abstrakt benennen. Und dann liegt es wieder in der Hand des Auslegers. § 223 StGB schützt die körperliche Unversehrtheit. Aber was heißt das nun konkret? Fast immer eröffnet sich ein weites Spektrum an juristisch korrekten Deutungsmöglichkeiten. Jeder Rechtsanwender kann und muss deshalb für sich selbst entscheiden, wie er auslegt, welche Umstände er berücksichtigt und welche Schlussfolgerungen er daraus zieht. Wichtig ist allein, dass man jedes Argument in den Mantel eines der vier klassischen Auslegungskriterien hüllt. Der subjektive Einfluss des Auslegenden ist daher enorm und hat zur Folge, dass er das Ergebnis der Auslegung beeinflussen und in die gewünschte Richtung lenken kann. So legt das Finanzamt Steuergesetze in der Regel anders aus als ein Steuerzahler.

Rechtsanwälte legen Gesetze immer so aus, dass es sich für ihren Mandanten möglichst günstig auswirkt. Und all das ist juristisch korrekt. Denn eine Auslegung ist nicht richtig oder falsch, sondern immer nur mehr oder weniger überzeugend. Entscheidend ist deshalb, wer entscheidet. Das gilt sogar dann, wenn ein Rechtsanwender ganz neutral und unbefangen an einen Fall herangeht.

Machen wir die Probe aufs Exempel: Täter T hat seiner Freundin F gegen deren Willen die Haare abgeschnitten, um sie für ihre wiederholt schlechten Kochkünste zu bestrafen. Hat sich T wegen Körperverletzung strafbar gemacht? Zwar gehören die Haare zweifellos zum Körper der F, aber ist das Abschneiden der Haare deshalb schon eine körperliche Misshandlung? Gehen wir die Auslegungskriterien durch:

- Wortlaut: Der Begriff „misshandeln" könnte dafür sprechen, dass nur solche Einwirkungen auf den Körper eines anderen erfasst sind, die Schmerzen verursachen. Andererseits kann man argumentieren, dass eine Misshandlung rein vom Wortlaut nur voraussetzt, dass etwas mit dem Körper eines anderen gemacht wird, das diesem „missfällt". Danach wäre auch der unfreiwillige Haarverlust eine körperliche Misshandlung.
- Systematik: Gegen eine körperliche Misshandlung spricht, dass das ungewollte Haareschneiden schon als Nötigung mit bis zu drei Jahren Gefängnis bestraft wird. Somit besteht keine Notwendigkeit, zusätzlich noch eine Körperverletzung zu bejahen.
- Entstehungsgeschichte. Der Fall „Haare abschneiden" wurde in den Gesetzesmaterialien nicht ausdrücklich erwähnt. Es ist deshalb unklar, wie die Politiker, die § 223 StGB geschaffen haben, diesen Fall entschieden hätten.

1 Schmerzensgeld für einen Mörder? – Recht ...

- Sinn und Zweck: Schutzgut des § 223 StGB ist die körperliche Unversehrtheit. Die Haare gehören zum Körper. Also ist das Abschneiden der Haare gegen den Willen des Haarträgers ein Eingriff in dessen körperliche Unversehrtheit. Anderseits werden dadurch aber keine Schmerzen verursacht, was geradezu typisch für das klassische Bild einer Körperverletzung ist. Doch verneint man deshalb eine Körperverletzung hätte das zur Folge, dass bewusstlose und narkotisierte Personen ebenfalls schutzlos gestellt werden – denn diese nehmen ja auch keine Schmerzen wahr. Ist das akzeptabel?

Das Ergebnis der Auslegung: Viele Argumente, aber keine eindeutige Antwort. Man kann eine Körperverletzung juristisch korrekt mit guten Gründen sowohl bejahen[1] als auch verneinen. Gleicher Sachverhalt, unterschiedliches Ergebnis – und das alles juristisch korrekt. Und das kommt täglich vor. So hatte der Salafist Hawar Z. in einer WhatsApp-Chatgruppe geschrieben, Ungläubige seien „Handlanger des Satans", „schlimmer als Tiere", „armselige Psychopathen". Deswegen wurde er wegen Volksverhetzung angeklagt. Am Ende des Prozesses kamen die Beteiligten zu folgenden Einschätzungen: Der Staatsanwalt sah den öffentlichen Frieden in Gefahr und forderte fünfzehn Monate Haft auf Bewährung. Der Verteidiger plädierte auf Freispruch, weil die Aussagen seiner Meinung nach von der Religions- und Meinungsfreiheit gedeckt sind. Und nach der Auslegung der Richterin hatte Z. zwar den Tatbestand der Volksverhetzung erfüllt, sie hielt aber eine Geldstrafe von 120 Tagessätzen für tat- und schuldangemessen. Natürlich lässt sich jede dieser drei

---

[1] BGH, Beschluss vom 17.04.2008, Az. 4 StR 634/07, Rn. 3, zitiert nach juris.de.

Auffassungen juristisch korrekt begründen. Praktisch wirksam wird aber nur die Meinung der Richterin, denn so ist es vom Gesetz vorgesehen. Das bedeutet aber nicht, dass die Auslegung der Richterin unbedingt besser, gerechter oder überzeugender ist als diejenige des Staatsanwalts oder des Verteidigers.

Und im Fall Gäfgen? Damit sich jemand strafbar macht, muss er den Tatbestand einer Strafnorm erfüllen und zudem vorsätzlich, rechtswidrig und schuldhaft handeln. Die Juristen waren einhellig der Meinung, dass die Drohung des Kommissars den Tatbestand der Nötigung erfüllt. Die entscheidende rechtliche Frage war: Hat der Kommissar in Notwehr gehandelt? § 32 StGB lautet:

1. Wer eine Tat begeht, die durch Notwehr geboten ist, handelt nicht rechtswidrig.
2. Notwehr ist die Verteidigung, die erforderlich ist, um einen gegenwärtigen rechtswidrigen Angriff von sich oder einem anderen abzuwenden.

Zu klären ist also, ob die Drohung „geboten" im Sinne von § 32 StGB war. Im deutschen Recht gilt seit langem der Grundsatz: Das Recht braucht dem Unrecht nicht zu weichen. Wenn es keine andere Möglichkeit gibt, einen Angriff sicher und sofort zu beenden, darf man den Angreifer sogar töten. Allerdings wird dieses scharfe Notwehrrecht in einigen Fällen beschränkt oder sogar ganz ausgeschlossen. So muss man zum Beispiel bei Angriffen von Kindern oder von stark Betrunkenen zunächst versuchen auszuweichen oder den Angreifer mit möglichst milden Verteidigungsmitteln zu schonen. Begründet wird das damit, dass der Angreifer in diesen Fällen mangels Einsichtsfähigkeit die Geltung der Rechtsordnung nicht grundsätzlich infrage stellt und somit kein unbedingtes Rechtsbewährungsinteresse besteht. Fraglich ist, ob das

1 Schmerzensgeld für einen Mörder? – Recht ...

bei dem drohenden Kommissar auch so war. Die Drohung des Kommissars fällt in keine der bis dato anerkannten Fallgruppen. Ein vergleichbarer Fall wurde bislang auch noch nicht vom BGH entschieden. Also muss man § 32 StGB auslegen.

Wortlaut und Entstehungsgeschichte des Notwehrparagrafen geben dazu nicht viel her. Es kommt somit auf die Systematik sowie den Sinn und Zweck der Vorschrift an. Das Thema wurde damals kontrovers diskutiert. Einig war man sich darüber, dass ein Nicht-Polizeibeamter (zum Beispiel der Vater von Jakob) den Entführer straflos hätte foltern dürfen, wenn er ihm in die Hände gefallen wäre. In diesem Fall hätte § 32 StGB sogar die Zufügung starker Schmerzen und schwerer Körperverletzungen gerechtfertigt. Doch der Kommissar hatte nicht als Privatperson gehandelt, sondern als Vertreter des Staates. Die juristische Frage war also: Gilt § 32 StGB uneingeschränkt auch für Personen, die im Namen und Auftrag des Staates handeln? Wer die Drohung nicht für geboten hielt, argumentierte so: Eine ganze Reihe von Gesetzen und internationalen Verträgen verbieten Folter ausdrücklich und ohne Ausnahme, zum Beispiel die Menschenrechtsübereinkommen der Vereinten Nationen und die Europäische Menschenrechtskonvention (EMRK). Die Zufügung von Schmerzen, um eine Aussage zu bekommen, verletzt zudem die Menschenwürde des Täters, da es darum geht, seinen Willen zu brechen und er so zum bloßen Objekt der staatlichen Gewalt wird. Die Menschenwürde ist nach Art. 1 Grundgesetz (GG) aber unantastbar und steht deshalb höher als das Leben des entführten Kindes. Lässt man erst einmal eine Ausnahme zu, führt das in der Zukunft unweigerlich zu immer weiteren Ausnahmen und dann ist der Rechtsstaat verloren. Das war die Position fast all derer, die sich in den Medien dazu äußerten. Nur wenige vertraten öffentlich die Gegenposition.

Ihre Argumentation lautete: Es geht nicht darum, die Menschenwürde des Täters gegen das Leben des Kindes abzuwägen, vielmehr steht die Menschenwürde des Täters gegen die Menschenwürde des Kindes. Denn zum einen wird das entführte Opfer seinerseits durch den Täter als bloßes Mittel zum Zweck der Erpressung benutzt und damit in seiner Menschenwürde verletzt. Zum anderen kommt dem Recht auf Leben als unabdingbare Voraussetzung der Menschenwürde ein besonderer Rang zu. Die abzuwägenden Rechtsgüter sind also gleichrangig. Allerdings ist der entführte Junge schutzwürdiger, weil sich der Entführer selbst und absichtlich in diese Lage gebracht hat. Zudem soll der Entführer nicht besser gestellt werden, wenn und weil er zufällig zuerst von der Polizei verhaftet und nicht von Angehörigen des Entführungsopfers erwischt wurde. Für beide Ansichten gibt es somit gute Gründe. Die mit diesem Fall befassten Richter waren jedoch alle der Meinung, dass der Kommissar nicht durch § 32 StGB gerechtfertigt ist[2].

Man kann juristisch korrekt fast alles begründen

Schon diese wenigen Fälle zeigen die Grenzen der juristischen Methode auf. Es ist schlicht nicht möglich, mithilfe der vier Auslegungskriterien in jedem Fall eine eindeutige und logisch zwingende Entscheidung zu treffen. Meistens findet man sogar mit ein und demselben Auslegungskriterium Argumente für völlig gegensätzliche Ergebnisse, wie zum Beispiel die 2017 überraschend schnell eingeführte Ehe für alle zeigt. Seitdem können

---

[2]LG Frankfurt, 20.12.2004, 5/27 KLs 7570 Js 203814/03 (4/04); Europäischer Gerichtshof für Menschenrechte, 30.06.2008, 22978/05; LG Frankfurt, 04.08.2011, 2–04 O 521/05; OLG Frankfurt, 10.10.2012, 1 U 201/11, alle zitiert nach juris.de.

auch gleichgeschlechtliche Paare mit staatlichem Segen heiraten. Vorangegangen war ein jahrelanger Kampf zwischen Befürwortern und Gegnern. Jedenfalls unter Juristen war es bis dato absolut herrschende Ansicht, dass eine Ehe als exklusive lebenslange Gemeinschaft nur zwischen Mann und Frau geschlossen werden kann. Das Bundesverfassungsgericht hatte noch 2002 im Urteil zur eingetragenen Lebenspartnerschaft ausdrücklich erklärt:

> Zum Gehalt der Ehe, wie er sich ungeachtet des gesellschaftlichen Wandels und der damit einhergehenden Änderungen ihrer rechtlichen Gestaltung bewahrt und durch das Grundgesetz seine Prägung bekommen hat, gehört, dass sie die Vereinigung eines Mannes mit einer Frau zu einer auf Dauer angelegten Lebensgemeinschaft ist[3].

Begründet wurde dies vor allem mit dem Sinn und Zweck der Ehe: Die lebenslange Verbundenheit der Ehegatten schafft die Basis dafür, Kinder in die Welt zu setzen und großzuziehen und sorgt dadurch für den Erhalt der Gesellschaft und die Sicherung der Sozialsysteme. Dieses Argument wollten die Befürworter der gleichgeschlechtlichen Ehe nicht gelten lassen. Denn schließlich gäbe es auch kinderlose Ehepaare. Entscheidend sei vielmehr, dass zwei Menschen dauerhaft für einander Verantwortung übernehmen wollten. Und dafür sei das Geschlecht bedeutungslos. Wir sehen: Beide Seiten argumentieren mit dem Sinn und Zweck von Art. 6 GG und beide Argumente erscheinen plausibel. Doch wieder gibt es kein logisch zwingendes und eindeutig richtiges Ergebnis.

---

[3]BVerfG, 17.07.2002, 1 BvF 1/01, Rn. 87, zitiert nach juris.de.

Das wäre nicht weiter schlimm, wenn es verbindliche Regeln gäbe, was in unklaren Fällen zu tun ist. Doch solche Regeln gibt es nicht. Und solche Regeln kann es auch gar nicht geben. Denn jede denkbare Vorgabe für die Auslegung führt zu unlösbaren Folgeproblemen. Um eine Hierarchie der Auslegungskriterien vorzugeben, müsste man Kriterien benennen, die über den Rang entscheiden. Doch welche sollten das sein? Und meistens kann man ja gerade mit jedem Auslegungskriterium zugleich Argumente für und gegen eine bestimmte Entscheidung finden. Soll es deshalb auf die Anzahl der insgesamt gefundenen Argumente ankommen? Falls ja: Zählt dann jedes Argument gleich viel oder muss man gewichten? Und welche Argumente sollen überhaupt zulässig sein und berücksichtigt werden?

Dafür gibt es keine allgemeine Lösung. Man kann nur versuchen, für jede einzelne rechtliche Frage eine überzeugende Antwort zu finden. Dieser Aufgabe widmen sich vor allem die Professoren an den Juristischen Fakultäten. Sie überlegen lange und ausführlich, welche Argumente es für und wider gibt und wie sich das auf die Rechtsordnung und in der Praxis auswirkt. Und sie machen dann auch konkrete Lösungsvorschläge. Diese sind zwar nicht verbindlich, aber die anderen Juristen können darauf zurückgreifen, wenn sie einen solchen Fall entscheiden müssen.

Im Laufe der Zeit kristallisiert sich bei vielen Fragen dann eine sogenannte herrschende Meinung (h. M.) heraus. Das bedeutet, dass die meisten Juristen, vor allem auch die Richter an den höheren Gerichten, bei dieser Frage zu derselben Antwort neigen. Doch Vorsicht: Die herrschende Meinung an sich ist noch kein juristisches Argument. Die herrschende Meinung ist auch nicht verbindlich. Es steht jedem Juristen und Richter frei, sich anders zu entscheiden.

1 Schmerzensgeld für einen Mörder? – Recht …

Aufgrund der fehlenden Eindeutigkeit bei juristischen Fragen ist die Rechtslage oft unklar, besonders bei neuen Gesetzen. So gab es beim Inkrafttreten der europäischen Datenschutzgrundverordnung (DSGVO) am 25.05.2018 eine erhebliche Rechtsunsicherheit. In den Tagen davor herrschte sogar fast so etwas wie Panik. Der Grund: Die Verordnung enthält viele unbestimmte Begriffe und sie droht bei Verstößen mit Strafen bis zu 4 % des Jahresumsatzes. Das beeindruckt natürlich, zumal geschäftstüchtige Anwälte und Seminaranbieter im Vorfeld diese Ängste gezielt schürten. Immer wieder wurde kolportiert, dass man möglicherweise schon wegen einer angenommenen Visitenkarte bestraft oder abgemahnt werden kann. Und da in diesem Moment noch niemand wusste, wie die Gerichte später entscheiden, schrillten bei vielen Unternehmern, Selbständigen und Bloggern die Alarmglocken schrillen. Und das zu Recht, denn die DSGVO enthält eine Reihe von neuen Regelungen, für deren Auslegung es bis dato noch keine herrschende Meinung gab. Es war deshalb tatsächlich unklar, was die Unternehmer konkret tun müssen, um sich rechtskonform zu verhalten.

Diese Nicht-Vorhersehbarkeit betrifft auch die konkrete Rechtsfolge einer Norm. Angenommen, man kommt im Haare-Abschneiden-Fall zu dem Ergebnis, dass sich der Täter wegen einer Körperverletzung strafbar gemacht hat. Dann weiß man zwar, dass dafür ein Strafrahmen von Geldstrafe bis zu fünf Jahren Haft vorgesehen ist. Wie viel der Täter konkret aufgebrummt bekommt, ist indes noch völlig offen. Und gar nicht so selten üben die Behörden und Richter ihren Ermessensspielraum bei nahezu identischen Fällen ganz unterschiedlich aus – obwohl sie jeweils exakt dieselben Gesetze anwenden. Während der Besitz von 15 g Haschisch in Berlin straffrei ist, erhält man in Bayern dafür 40 Tagessätze Geldstrafe oder mehr. Diese widersprüchlichen Auslegungen gehen quer durch die Rechtsordnung und die Republik. In Bayern erhalten weniger als 40 % der aus dem Iran stammenden Flüchtlinge den begehrten Schutzstatus, in Bremen dagegen mehr als 80 %. Und das ist kein reines Problem der Verwaltung, denn auch Richter sind oft unterschiedlicher Meinung. Die Folge: Viele Urteile werden in der höheren Instanz wieder aufgehoben. Gleicher Sachverhalt, unterschiedliches Ergebnis – und das alles juristisch korrekt.

Die Rechtslage ist nie eindeutig oder dauerhaft gesichert
Die Konsequenz ist, dass man aus den existierenden Gesetzen nie sicher eine eindeutige Rechtslage herauslesen kann. Ein und dasselbe Gesetz lässt sich juristisch korrekt völlig unterschiedlich interpretieren. So traten zum Beispiel das Strafgesetzbuch, das Bürgerliche Gesetzbuch, das Gerichtsverfassungsgesetz und das Handelsgesetzbuch vor mehr als 100 Jahren zu Zeiten des Kaisers in Kraft. Trotz der im 20. Jahrhundert folgenden massiven Umbrüche konnten diese Gesetze jeweils mit weitgehend identischem Wortlaut weiter ihren Dienst tun. Die unbestimmten Rechtsbegriffe wurden einfach durch eine entsprechende Auslegung an die aktuellen politischen Verhältnisse angepasst. Diese Uneindeutigkeit der Gesetze hat aber nicht nur Vorteile. Sie ist vielmehr auch die Ursache vieler Schwachstellen des Rechtssystems und führt zu einer erheblichen Rechtsunsicherheit.

Doch Vorsicht! Aus dem Umstand, dass sich juristisch korrekt sehr viel begründen lässt, folgt noch lange nicht, dass man damit auch zum Ziel kommt. Wer seinen Nachbarn mit einer abstrusen rechtlichen Argumentation davon überzeugen will, dass er nach 20 Uhr nicht mehr im Garten sitzen darf, wird kaum Erfolg haben. Der Zweck einer juristischen Argumentation ist es, den anderen von der eigenen Rechtsauffassung zu überzeugen. Er soll sich deshalb dieser Auffassung anschließen und danach handeln. Das wird er aber nur dann tun, wenn er sich damit nicht blamiert oder einen Sturm öffentlicher Empörung auslöst. Abwegige Rechtsauffassungen kann deshalb nur vertreten, wem es völlig egal ist, was der Rest der Welt davon hält, also Kabarettisten, Jura-Professoren und Richter, gegen deren Urteile es kein Rechtsmittel mehr gibt. Alle anderen sollten dagegen eher mit Argumenten aus dem juristischen Mainstream arbeiten. Das ist zwar meist weniger spektakulär und unterhaltsam, führt aber deutlich öfter zum Ziel.

Das alternative Gäfgen-Urteil
Der Entführer und Kindesmörder Gäfgen verlangte für die Drohung durch den Kommissar ein Schmerzensgeld in Höhe von 10.000 EUR. Es gibt zwar keinen Paragrafen, der besagt, dass man ein Schmerzensgeld bekommt, wenn man in seiner Menschenwürde verletzt oder von einem Polizisten bedroht wird. Und es gibt auch kein Gesetz, demzufolge die Menschenwürde verletzt ist, wenn ein Polizist dem Beschuldigten während der Vernehmung mit der Zufügung von Schmerzen droht. Allerdings haben das Bundesverfassungsgericht und der Bundesgerichtshof entschieden, dass ein Amtshaftungsanspruch wegen der Verletzung der Menschenwürde und des allgemeinen Persönlichkeitsrechts die Zahlung einer Geldentschädigung für immaterielle Schäden zum Gegenstand haben kann[4]. Voraussetzung dafür ist, dass es sich um einen schwerwiegenden Eingriff handelt und dass diese massive Beeinträchtigung nicht auf andere Weise

---

[4]BGH, 04.11.2004, III ZR 361/03, Rn. 10, zitiert nach juris.de.

befriedigend ausgeglichen werden kann. Ob die Drohung des Kommissars einen schwerwiegenden Eingriff in die Menschenwürde des Kindermörders darstellt, kann man mit guten juristischen Gründen sowohl bejahen als auch verneinen.

Das Landgericht Frankfurt kam zu dem Ergebnis, dass Gäfgen einen Anspruch auf 3000 EUR hat[5]. Die wichtigsten Passagen aus dem Originalurteil lauten:

Entscheidungsgründe
Der Kläger hat gegen das beklagte Land einen Anspruch auf Zahlung einer Geldentschädigung in Höhe von 3000 EUR gemäß § 839 Abs. 1 BGB, Art. 34 S. 1 GG i. V. m. Art. 1 Abs. 1 GG wegen einer schweren Verletzung seiner Menschenwürde […] Beamte des beklagten Landes haben die Menschenwürde des Klägers in schwerwiegender Weise schuldhaft verletzt. […]

Die Kammer schließt sich aufgrund eigener Überzeugungsbildung der rechtlichen Bewertung der Strafkammer an, dass das Verhalten der beiden Polizisten als ein Verstoß gegen die grundrechtlich garantierte, unantastbare Menschenwürde (Art. 1 Abs. 1 S. 1 GG) und gegen das Verbot des Art. 104 Abs. 1 S. 2 GG, festgehaltene Personen weder körperlich noch seelisch zu misshandeln, anzusehen ist. Weiterhin ist es als Verstoß gegen Art. 3 EMRK zu qualifizieren. Unter Berücksichtigung der bereits erörterten maßgeblichen Kriterien, die eine Menschenwürde- oder Persönlichkeitsverletzung als schwerwiegend qualifizieren

---

[5]LG Frankfurt, 04.08.2011, 2–04 O 521/05, Rn. 43, 49, 79, 81–83, zitiert nach juris.de.

1 Schmerzensgeld für einen Mörder? – Recht ...

(Bedeutung und Tragweite des Eingriffs, Nachhaltigkeit und Fortdauer der Interessen- oder Rufschädigung, Anlass und Beweggrund des Handelnden sowie Grad des Verschuldens) ist vorliegend von einer schweren Verletzung der Menschenwürde des Klägers auszugehen ...

Durch die Androhung der Schmerzzufügung durch E., angeordnet von D. und gebilligt vom Innenministerium, wurde planvoll, vorsätzlich und in Kenntnis der Rechtswidrigkeit dieses Tuns und der Gefahr der Unverwertbarkeit der Aussage in die Menschenwürde, die das höchste Verfassungsgut darstellt und die nicht unter einem Gesetzesvorbehalt steht und die keiner Abwägung zugänglich ist, eingegriffen. Die Zufügung von Schmerzen durch einen Beamten, der sich mit körperlichen Dingen auskennt, ist in hohem Maße Angst einflößend. Es handelte sich auch nicht um eine Drohung, die nie umgesetzt werden sollte, sondern ihre Umsetzung war bereits in die Wege geleitet worden, indem D. die Herbeiholung eines Polizeiarztes und des Beamten mit Übungsleiterlizenz anordnete.

Dies bedeutet die Verletzung der Menschenwürde in erheblichem Ausmaß. Die Schwere ergibt sich auch daraus, dass zugleich Art. 104 Abs. 1 S. 2 GG und Art. 3 EMRK, die ebenfalls Ausprägung der Garantie der Menschenwürde sind [...], verletzt wurden. Dementsprechend hat auch der EGMR ausdrücklich festgestellt (EGMR, Urt.v. 01.06.2010, Az.: 22978/05), dass die beim Kläger angewandte Vernehmungsmethode unter den Umständen seines Falls schwerwiegend genug gewesen sei, um eine nach Art. 3 EMRK verbotene unmenschliche Behandlung darzustellen, auch wenn sie nicht das Maß an Grausamkeit erreicht, um als Folter zu gelten.

> Bei dieser Beurteilung ist es gänzlich unerheblich und darf schlechthin nicht berücksichtigt werden, dass der Kläger zuvor eine Straftat begangen hat. Das Recht auf Achtung seiner Würde kann auch einem Straftäter nicht abgesprochen werden, mag er sich auch in noch so schwerer und unerträglicher Weise gegen die Werteordnung der Verfassung vergangen haben […] Menschenwürde kommt jedem Wesen der Gattung „Mensch" zu und kann keinem Menschen aberkannt werden. Das ist ein wesentliches Element des Rechtsstaats, das es zu beachten gilt, mag es angesichts des von dem Kläger begangenen Verbrechens auch schwer fallen.

Das Oberlandesgericht Frankfurt hat diese Begründung gebilligt[6]. Doch natürlich hätten die Richter die Forderung des Kindesmörders Gäfgen juristisch korrekt ablehnen können, zum Beispiel mit folgender Begründung:

Entscheidungsgründe
Der Kläger hat gegen das beklagte Land keinen Anspruch auf Zahlung einer Geldentschädigung in Höhe von 3000 EUR gemäß § 839 Abs. 1 BGB, Art. 34 S. 1 GG i. V.m. Art. 1 Abs. 1 GG wegen einer schweren Verletzung seiner Menschenwürde.

Es liegt schon kein Eingriff in die Menschenwürde des Klägers vor. Ausgehend vom Wortlaut liegt ein Eingriff in die Menschenwürde dann vor, wenn ein Mensch zum bloßen Objekt staatlichen Handelns gemacht wird. Durch die Ankündigung der Schmerzzufügung sollte der Kläger dazu gebracht werden, den Aufenthaltsort des entführten Kindes zu nennen. Die

---

[6]OLG Frankfurt, 10.10.2012, 1 U 201/11, zitiert nach juris.de.

1 Schmerzensgeld für einen Mörder? – Recht ...

Entscheidung, ob er das macht, lag also ausschließlich beim Kläger. Die vernehmende Zeuge D. behandelte den Kläger also gerade nicht als bloßes Objekt. Schon deshalb liegt kein Eingriff die Menschenwürde des Klägers vor. Dies wird durch die Entstehungsgeschichte bestätigt. Art. 1 GG wurde als bewusste Reaktion auf die Vorgänge im 3. Reich geschaffen. Das Grundgesetz hatte als Verletzung der Menschenwürde Fälle wie Euthanasie, Folter durch die SS und Gestapo, den Holocaust sowie Konzentrations- und Vernichtungslager vor Augen. Diese zeichnen sich dadurch aus, dass die betroffenen Menschen aus objektiv nichtigsten Gründen körperlich schwer misshandelt, gefoltert und ermordet wurden.

Die bloße einmalige Ankündigung von Schmerzen zur Rettung eines entführten Kindes passt ersichtlich nicht in diese Reihe. Das deckt sich auch mit den Wertungen der übrigen Rechtsordnung. Nach § 241 StGB ist nur die Drohung mit einem Verbrechen (=Mindeststrafe von einem Jahr) strafbar. Die Zufügung von Schmerzen ist indes nur ein Vergehen (§§ 223, 224 StGB). Zudem hätte jeder Dritte dem Kläger die Schmerzen zur Rettung des Kindes straflos androhen und zufügen können (Nothilfe, § 32 StGB). Auch nach Sinn und Zweck können derartige – im Vergleich zu den historischen Anlassfällen – Bagatellfälle (der Kläger wurde weder angefasst, noch hat er irgendwelche bleibenden Schäden davongetragen) keine Verletzung der Menschenwürde darstellen. Ansonsten wäre jede angekündigte staatliche Maßnahme, die beim Adressaten negative Gefühle auslöst, immer zugleich auch eine Verletzung der Menschenwürde. Dadurch würde staatliches Handeln praktisch unmöglich. Die Ankündigung der Schmerzen war daher kein Eingriff in die Menschenwürde des Klägers.

Doch selbst wenn man einen Eingriff bejahen würde, hätte der Kläger keinen Anspruch auf eine Geldentschädigung. Denn ein solcher Eingriff wäre jedenfalls nicht „schwerwiegend". Schon nach dem Wortlaut muss sich der Eingriff erheblich von normalen Eingriffen in die Menschenwürde unterscheiden. Notwendig ist also, dass zwischen der Verletzung und dem verfolgten Zweck ein krasses Missverhältnis besteht oder die Verletzung zu dauerhaften und massiven Folgeschäden für Leib und Leben des Verletzten führt. Dies wird durch Sinn und Zweck des Entschädigungsanspruchs bestätigt. Danach gibt es gerade nicht für jede rechtswidrige staatliche Maßnahme Geld, sondern nur dann, wenn dies erforderlich ist, um dem Verletzten Genugtuung zu verschaffen. Bagatellfälle, in denen es aufgrund der geringen Bedeutung des Eingriffs keiner Genugtuung bedarf, sind von vornherein ausgeschlossen.

Die Ankündigung der Schmerzen durch den Zeugen D. ist ein solcher Bagatellfall. Sie erfolgte nur einmal und zur Rettung des Lebens des entführten M. Zudem wurde der Kläger nicht angefasst, nicht geschlagen und er trug auch keinerlei Schäden davon. Ein noch geringfügigerer Eingriff in die Menschenwürde ist kaum vorstellbar. Die Ankündigung der Schmerzen ist deshalb kein schwerwiegender Eingriff in die Menschenwürde des Klägers.

Wieder gilt: Gleicher Sachverhalt, unterschiedliches Ergebnis – und das alles juristisch korrekt.

2

Alternative Fakten im Recht – Was ist Wahrheit?

> **Übersicht**
>
> Theoretisch stellt ein Gericht fest, was genau passiert ist. Im Prozess kommt die Wahrheit ans Licht und am Ende der Beweisaufnahme sind sich alle beteiligten Juristen einig. Praktisch sind die Beweismittel fast immer widersprüchlich und man kann zum Teil auch völlig gegensätzliche Sachverhaltsvarianten juristisch korrekt begründen. Ein Richter kann daher nie sicher wissen, wie es wirklich war.

Der Autoraser-Fall

Berlin, 1. Februar 2016, 0.30 Uhr. An einer Kreuzung am Ku'damm kommen der 24-jährige T1 und der 26-jährige T2 zufällig nebeneinander zum Stehen. Beide sitzen in hochmotorisierten Autos mit jeweils mehreren hundert PS. Spontan verabreden sie ein Rennen entlang des Ku'damms über eine Strecke von zweieinhalb Kilometern. Während der Fahrt rasen sie mit Geschwindigkeiten von bis zu 150 km/h über mehrere rote Ampeln. Kurz vor dem Ziel hat T1 ein paar Meter Vorsprung. Da kommt die letzte Kreuzung. Wieder zeigt die Ampel Rot. Von rechts kommend fährt der völlig ahnungslose 69-jährige W ordnungsgemäß mit seinem Jeep Wrangler in den Kreuzungsbereich ein. Und schon knallt es. Mit mindestens 160 km/h rammt T2 das Auto von W. Der Jeep wird durch die Wucht des Aufpralls 70 m durch die Luft geschleudert und schlägt mit der linken Seite des Dachs auf der Fahrbahn auf. Dabei wird das Hardtop-Dach des Jeeps herausgelöst und in das Innere des Fahrzeugs gedrückt. Dort trifft es den Kopf von W, wodurch dieser schwere Schädel- und Hirnverletzungen und eine Rippenserienfraktur erleidet. Zudem brechen auf der linken Seite Schulterblatt, Schlüsselbein, Oberschenkel und Oberarm. Lunge, Herz, Leber, Milz und Darm werden ebenfalls beschädigt. Es kommt zu massiven inneren Blutungen. W stirbt noch am Unfallort. T1 und T2 werden nur leicht verletzt. Die Anklage lautet auf Mord. Doch hatten T1 und T2 wirklich Vorsatz bezüglich der Tötung des W?

Beweismittel sind nicht immer eindeutig
Um ein Gesetz anzuwenden, muss man wissen, was passiert ist. Zunächst geht es also darum, den Sachverhalt festzustellen. Das ist manchmal relativ einfach. Wenn die Beteiligten bestimmte Tatsachen übereinstimmend vortragen, wenn der Angeklagte ein glaubhaftes Geständnis ablegt oder wenn bestimmte Fakten allgemein bekannt sind. Dann geht es nur noch um Rechtsfragen. Doch das ist eher die Ausnahme. Fast immer sind zumindest einige Aspekte des Geschehens umstritten. Und das aus einem nachvollziehbaren Grund. Denn schon eine winzige Änderung des Sachverhalts kann im Ergebnis zu einer völlig anderen Rechtsfolge führen. Wer die Ex-Freundin aus Eifersucht einen Tag vor seinem 21. Geburtstag ermordet, kann noch darauf hoffen, nach Jugendstrafrecht angeklagt

2 Alternative Fakten im Recht – Was ist Wahrheit?

zu werden. Dann drohen maximal zehn Jahre Haft. Einen Tag später gilt zwingend das normale Erwachsenenstrafrecht und das Urteil lautet „lebenslang".

Aber wie stellt man den wahren Sachverhalt fest? Darüber zerbrechen sich Philosophen seit über 2000 Jahren den Kopf. In einem Rechtsstaat werden zu diesem Zweck hauptsächlich die Beweismittel Zeugen- und Parteivernehmung, Sachverständigengutachten, Urkunden und Augenschein eingesetzt. Doch keines dieser Beweismittel ist unfehlbar.

Jedes Verfahren beginnt damit, dass die Beteiligten ihre Sicht der Dinge schildern können. Naturgemäß haben solche Aussagen allein aber keine große Beweiskraft, denn die direkt Beteiligten verfolgen zumeist eigene Interessen und sind daher nicht neutral. In Strafverfahren darf der Angeklagte sogar lügen, denn es gilt der Grundsatz, dass sich niemand selbst belasten muss. Doch nicht einmal einem Geständnis kann man ohne weiteres glauben. Denn immer wieder bezichtigen sich Personen selbst zu Unrecht einer Straftat. Verrückt, oder? Aber psychologisch nachvollziehbar: Manch einer hofft, dass er durch ein Geständnis endlich aus der für ihn sehr unangenehmen Verhörsituation im Polizeirevier herauskommt. Andere wollen durch das Geständnis eine weitere Person schützen oder einfach mal im Mittelpunkt der Aufmerksamkeit stehen. Anders sieht es aus, wenn ein Angeklagter Dinge aussagt, die nur der Täter wissen kann. In der Regel spielen vor Gericht aber Zeugen, Urkunden und Sachverständige die weitaus größte Rolle.

Ein Zeuge berichtet aus seiner Erinnerung heraus über bestimmte Tatsachen. Doch Erinnerungen können täuschen. In vielen psychologischen Experimenten wurde untersucht und bestätigt, dass das menschliche Gehirn einfach nicht in der Lage ist, sich jedes beliebige Erlebnis dauerhaft korrekt zu merken. Und das ist auch gut so. Denn wenn wir uns an jede Einzelheit, die in jedem Moment auf uns einströmt, lebenslang erinnern könnten, würden wir angesichts der Unmenge von zu verarbeitenden Informationen regelmäßig wohl verrückt oder entscheidungsunfähig werden. Beides wäre nicht sonderlich gut fürs Überleben. Unser Gehirn ist deshalb darauf trainiert, Prioritäten zu setzen. Nur das, was für uns selbst in einer konkreten Situation wirklich relevant ist, wird überhaupt bewusst wahrgenommen. Und davon gelangt wiederum nur ein Bruchteil überhaupt ins Langzeitgedächtnis. Grundsätzlich gut, im Fall der Zeugenbefragung aber ein Problem. Denn an Dinge oder Ereignisse, die für einen selbst keine besondere Bedeutung hatten, hat man nach ein paar Monaten praktisch keine eigene Erinnerung mehr. Dann überlagern sich die noch vorhandenen eigenen Erinnerungsfetzen mit dem, was man von anderen zu der Sache gehört oder gelesen hat. Wird man zu der konkreten Situation befragt, konstruiert das Gehirn aus den bisherigen Erfahrungen eine plausible Geschichte, die es dem Bewusstsein als tatsächlich geschehen vorgaukelt. Die meisten Zeugen präsentieren dann bei jeder Befragung diese Geschichte – und zwar in der subjektiven Überzeugung, dass es sich tatsächlich so abgespielt hat. Und je öfter man diese Geschichte erzählt, desto stärker glaubt man daran, dass sie tatsächlich wahr ist. Deshalb bekämpfen sich die Parteien in Zivilprozessen oft so vehement. Jeder ist absolut davon überzeugt, die Wahrheit zu sagen. Und subjektiv mag das auch stimmen.

Anders dagegen bei den bösen Zeugen, also solche, die bewusst die Unwahrheit sagen. Es gibt zwar einige Kriterien, anhand derer man beurteilen können soll, ob eine Aussage mehr oder weniger glaubhaft ist. So gilt es zum Beispiel tendenziell als glaubhaft, wenn jemand das für ihn in der damaligen Situation wesentliche Kerngeschehen mit vielen Details beschreibt und auf Nachfragen dazu

2 Alternative Fakten im Recht – Was ist Wahrheit?

spontan und mit Einzelheiten antwortet. Aber all das kann ein gewiefter Lügner berücksichtigen und sich entsprechend vorbereiten. Um die Erkenntnisse der Aussagepsychologie effektiv anzuwenden, müssten die Richter entsprechend ausgebildet werden. Dafür reicht es aber nicht, einmalig an einem 5-tägigen Kurs an der Richterakademie in Wustrau oder Trier teilzunehmen. Notwendig wären jahrelange regelmäßige Übungen, Weiterbildungen und Supervision. In der Realität wenden Richter bei der Beurteilung der Glaubhaftigkeit einer Aussage deshalb die in den Seminaren gelernten Schlagworte oft nur völlig laienhaft an oder verlassen sich gleich ganz auf ihr Bauchgefühl. Aus Zeitgründen sind die meisten Zeugenbefragungen auch völlig oberflächlich und bleiben eng an dem, was der Richte für relevant hält. Doch auf solche kurzen Vernehmungen kann praktisch jeder Zeuge vorbereiten. Erwartbare Fragen produzieren fast immer lückenlose Angaben, die in sich konsistent sind. Gerade an den Zivilgerichten kommt es nur selten zu vertieften Nachfragen. Und dann kann der Richter schlicht nicht objektiv nachvollziehbar begründen, ob einer die Wahrheit sagt oder lügt. Es regiert das Bauchgefühl.

Man sollte meinen, dass Urkunden insoweit leichter zu bewerten sind. Doch weit gefehlt. Nach herrschender Meinung sind Urkunden verkörperte Gedankenerklärung, die zum Beweis im Rechtsverkehr geeignet und bestimmt sind und die ihren Aussteller erkennen lassen. In der Regel sind das also Schriftstücke wie Verträge, Quittungen oder Testamente. Das Problem: Die wenigsten Urkunden sind wirklich eindeutig. Genauso wie Gesetze sind auch die in einer Urkunde enthaltenen Texte unterschiedlich deutbar. Ansonsten wäre es zwischen den Parteien ja nicht zum Streit gekommen. Folglich muss die Urkunde interpretiert und ausgelegt werden. Und schon ist man wieder im Bereich der Spekulation. Ganz abgesehen davon, dass Urkunden auch gefälscht oder manipuliert werden können.

Deshalb bevorzugen Richter Sachverständige. Ein Sachverständiger wird immer dann eingeschaltet, wenn dem Richter selbst das notwendige Fachwissen fehlt, um den Sachverhalt richtig beurteilen zu können. Woher kommt der Schimmel in der Mietwohnung? Ist das Opfer an den Fußtritten ins Gesicht gestorben? Geht von dem Täter in Zukunft noch eine Gefahr für die Allgemeinheit aus? Für den Richter hat das den Vorteil, dass er die Verantwortung für sein Urteil damit auf den Gutachter abschieben kann. Stellt sich eine Prognose später als falsch heraus, kann der Richter auf das Gutachten verweisen. Andererseits geht es aber oft auch nicht anders: Wie soll ein Richter sonst technische, wissenschaftliche oder medizinische Fragen korrekt beantworten können? Ein Sachverständiger liefert in der Regel ein plausibles und nachvollziehbares Ergebnis, das der Richter dann verwerten kann. Das Problem: Zwei Sachverständige kommen nicht selten zu zwei unterschiedlichen aber gleichwohl nachvollziehbaren Ergebnissen. Denn auch technische und medizinische Fragen lassen sich fast nie mit 100 %-iger Gewissheit beantworten. Je weiter man von rein naturwissenschaftlich zu beantwortenden Fragen weg kommt und je mehr es in den Bereich Mensch geht, desto unsicherer wird es. Besonders schwierig zu klären sind Kausalitätsfragen und Zukunftsprognosen: Was ist die Ursache einer Krebserkrankung? Ist ein Vergewaltiger trotz Therapie noch gefährlich? Bei wem ist das Kind nach der Scheidung besser aufgehoben? Bei solchen Fragen hängt das Ergebnis oft davon ab, wen man befragt. Manche Richter nutzen das und signalisieren den Gutachtern schon bei der Vergabe des Gutachtenauftrags die von ihnen bevorzugte Tendenz. Und zu welchem Ergebnis kommt wohl jemand, der einen Großteil seines Einkommens mit solchen Gerichts-

2 Alternative Fakten im Recht – Was ist Wahrheit?

gutachten bestreitet? Obwohl die Kosten für ein Sachverständigengutachten leicht fünfstellig werden können, gibt es in diesem Bereich bis heute keine verbindlichen und transparenten Richtlinien. Jeder Richter entscheidet frei, welchen Sachverständigen er beauftragt. Menschlich nachvollziehbar beauftragt ein Richter dann natürlich bevorzugt solche Gutachter, von denen er weiß, dass sie effizient arbeiten und die erwarteten Ergebnisse liefern.

Eine weitere Schwachstelle ist, dass der Begriff Gutachter gesetzlich nicht geschützt ist. Doch wie soll ein Richter beurteilen, ob der von ihm Beauftragte wirklich kompetent ist? In technischen Bereichen gibt es zwar öffentlich bestellte und vereidigte Sachverständige. Aber gerade in so sensiblen Bereichen wie dem Familienrecht ist das nicht der Fall. Immer wieder kommt es vor, dass völlig unqualifizierte Personen beauftragt werden oder dass Richter völlig unwissenschaftliche Gutachten akzeptieren. So hat zum Beispiel der gelernte Briefträger und verurteilte Betrüger Gert Postel als vermeintlicher Facharzt für Psychiatrie jahrelang in Gerichtsverfahren psychiatrische Gutachten erstellt, ohne dass das jemandem aufgefallen ist. Der ehemalige Vorsitzende Richter am Bundesgerichtshof Armin Nack – Mitautor eines Standardwerks zur Glaubhaftigkeits- und Beweislehre – lobte den talentierten Hochstapler auch Jahre später noch für die Qualität seiner Gutachten: „Der Postel war der beste Gutachter – besser als die beiden gelernten Psychiater."

Doch selbst wenn der gerichtlich bestellte Sachverständige ein anerkannter Experte ist und sein Gutachten wissenschaftlichen Kriterien entspricht, steht die Wahrheit damit nicht fest. Denn wem das Ergebnis des Gerichtsgutachters nicht gefällt, der beauftragt nicht selten auf eigene Kosten einen weiteren Sachverständigen. Dieser ist natürlich ebenfalls hervorragend qualifiziert und kommt auf wundersame Weise meist zu einem völlig anderen

Ergebnis als der erste Gutachter. Und dann ist die Sache eigentlich gegessen. Denn sobald zwei widersprüchliche Antworten vorliegen, die beide objektiv plausibel und wissenschaftlich nachvollziehbar sind, kann man nicht mehr sicher sagen, was die Wahrheit ist.

Bleibt noch der Augenschein. Dabei geht es um die sinnliche Wahrnehmung. Der Richter schaut sich vor Ort an, ob das Auto wirklich einen langen Kratzer im Lack hat. Allerdings weiß er dann immer noch nicht, wodurch und von wem der Kratzer verursacht wurde. Gibt es technische Hilfsmittel wie die Aufnahmen von Kameras, mitgeschnittene Telefongespräche oder sichergestellte E-Mails kann ein Augenschein zwar zu nachvollziehbaren Ergebnissen führen. Doch selbst dann steht die Wahrheit nicht immer zweifelsfrei fest. Man denke nur an das Wembley-Tor oder an das Sex-Video, mit dem die ehemalige GNTM-Kandidatin Gina Lisa Lohfink ihre Vergewaltigung beweisen wollte. Zudem können digitale Medien heutzutage mit wenig Aufwand nachträglich verändert werden, ohne dass man das erkennen kann.

Mithilfe der in einem Rechtsstaat praktisch wichtigsten Beweismittel gelingt es daher nicht in jedem Fall, zu ermitteln, was wirklich passiert ist. Der eine Zeuge behauptet dies, der andere das. Und auch Sachverständige legen sich nicht immer fest. So kam der ärztliche Gutachter im Fall der ermordeten 15-jährigen Mia aus Kandel zu dem Ergebnis, dass der Täter Abdul D. zur Tatzeit mindestens siebzehneinhalb, wahrscheinlich sogar 20, höchstens aber 21 Jahre alt gewesen war. Die entscheidende Frage, ob Jugend- oder Erwachsenenstrafrecht gilt, war daher trotz des Gutachtens noch unklar.

2 Alternative Fakten im Recht – Was ist Wahrheit?

Auch unterschiedliche Sachverhaltsvarianten lassen sich oft juristisch korrekt begründen

Am Ende der Beweisaufnahme muss der Richter die Beweise würdigen. Das ist oft gar nicht so einfach: Widersprüchliche Zeugenaussagen, sich widersprechende Sachverständigengutachten oder auf bloßen Indizien beruhende Schlussfolgerungen ohne direkten Beweis. Wie findet man da heraus, was wirklich passiert ist?

Das Gesetz weiß um dieses Problem. In § 261 der Strafprozessordnung (StPO) heißt es: „Über das Ergebnis der Beweisaufnahme entscheidet das Gericht nach seiner freien, aus dem Inbegriff der Verhandlung geschöpften Überzeugung." Und so ähnlich regeln es auch die anderen Prozessordnungen. Es kommt also auf die Überzeugung des Richters an. Der Sachverhalt, von dem der Richter überzeugt ist, wird dann für die Entscheidung als wahr unterstellt. Doch was bedeutet überzeugt sein konkret? Der Bundesgerichtshof meint dazu:

> Voraussetzung für die Überzeugung des Tatrichters von einem bestimmten Sachverhalt ist nicht eine absolute, das Gegenteil oder andere Möglichkeiten denknotwendig ausschließende […] Gewissheit. Vielmehr genügt ein nach der Lebenserfahrung ausreichendes Maß an Sicherheit, das vernünftige Zweifel nicht aufkommen lässt[1].

Wohlklingende Worte, aber wieder fragen wir uns: Was heißt das konkret? Wie weiß ein Richter, dass er ausreichend überzeugt ist? Und wie lässt sich das von außen überprüfen? Alle dazu von den Richtern oder anderen

---

[1] BGH, 30.07.2009, 3 StR 273/09, Rn. 7, zitiert nach juris.de.

Juristen gemachten Erläuterungen sind ebenfalls sehr schwammig. Einerseits soll ein bloßer Verdacht nicht genügen[2], andererseits dürften die Anforderungen an eine Verurteilung auch nicht überspannt werden[3]. Bis heute kann deshalb niemand genau sagen, wie man eine bloße Vermutung von einer im Sinne des Gesetzes ausreichenden Überzeugung nachvollziehbar unterscheidet.

In der Praxis greift man auf einen einfachen Trick zurück: Man senkt die Anforderungen an die objektive Nachprüfbarkeit der richterlichen Überzeugung einfach so weit ab, dass die Richter in fast allen Fällen juristisch korrekt begründen können, dass sie von einer bestimmten Sachverhaltsvariante hinreichend überzeugt sind. So genügt es dem BGH, dass der Beweis mit lückenlosen und nachvollziehbaren logischen Argumenten geführt wird und dass die Beweiswürdigung auf einer nachvollziehbaren Tatsachengrundlage beruht[4]. Es darf keine Verstöße gegen Denkgesetze oder gesicherte Erfahrungssätze[5] geben, die Beweise müssen erschöpfend gewürdigt und gesicherte wissenschaftliche Erkenntnisse sowie die Gesetze der Logik müssen beachtet werden[6]. Diese Kriterien sind so abstrakt und vage, dass ein Richter wohl in jedem Verfahren mehr als eine Sachverhaltsvariante so begründen kann, dass der Bundesgerichtshof zufrieden ist. Das gilt auch in den Konstellationen, in denen die Wahrheit besonders schwierig zu erkennen ist:

---

[2]BGH, 08.05.1990, 3 StR 448/89, Rn. 5, zitiert nach juris.de.
[3]BGH, 16.10.2006, 1 StR 180/06, Rn. 28, zitiert nach juris.de.
[4]BGH, 27.10.2015, 2 StR 4/15, Rn. 8, zitiert nach juris.de.
[5]BGH, 19.07.2018, 4 StR 603/17, Rn. 9, zitiert nach juris.de.
[6]BGH, 07.06.1979, 4 StR 441/78, Rn. 9, zitiert nach juris.de.

2 Alternative Fakten im Recht – Was ist Wahrheit?

Der Klassiker sind die Aussage-gegen-Aussage-Fälle:

- Wurde mündlich ein Reparaturauftrag für das Cabrio in Höhe von 4000 EUR erteilt?
- Hat der ertappte Verkehrssünder den Polizisten als „Wegelagerer" beleidigt?
- War es einvernehmlicher Sex oder eine Vergewaltigung?

Am Ende der Beweisaufnahme hat der Richter dann zwei Versionen des Sachverhalts, die jede für sich genommen ohne erkennbaren Widerspruch ist. Was fehlt sind objektiv greifbare Anhaltspunkte, was wirklich passiert ist. Praktisch immer entscheiden sich die Richter dann für eine der beiden Versionen, ohne zu begründen, warum sie gerade dieser Version glauben. Im Urteil steht dann zum Beispiel:

Die Zeugen A, B und C sind glaubwürdig, da sie kein persönliches Interesse am Ausgang des Rechtsstreits haben. Ihre Angaben waren ohne Lücken und erkennbare Widersprüche.

Warum der Richter den Aussagen der weiteren Zeugen D und E, die genau das Gegenteil behaupten und ebenfalls kein persönliches Interesse am Ausgang des Rechtsstreits haben, keinen Glauben schenkt – darüber hüllt sich ein Mantel des Schweigens.

Genauso ist es bei sich widersprechenden Sachverständigengutachten. Die Richter folgen dann zumeist dem letzten von ihnen beauftragten Sachverständigen. Der liefert dann nämlich die Begründung schon mit, warum er von den anderen Gutachten abweicht. Als Richter übernimmt man das und schreibt noch ein Sätzchen dazu: „Das Gericht schließt sich den Ausführungen des Sachverständigen X in vollem Umfang an. Die Ausführungen sind plausibel und nachvollziehbar." Die anderen

Sachverständigen erhalten aber wohlweislich keine Gelegenheit mehr zu weiterer Stellungnahme.

Besonders spannend sind Indizienprozesse. Dort gibt es weder ein Geständnis noch Zeugen oder Urkunden. Die Beteiligten versuchen stattdessen, mithilfe anderer Umstände die von ihnen behaupteten Tatsachen zu beweisen. So geschehen zum Beispiel im NSU-Prozess. Bei keinem der zehn Morde wurden verwertbare DNA-Spuren gefunden. Es gab weder Zeugen noch Aufnahmen von Überwachungskameras. Die mutmaßlichen Täter Uwe Mundlos und Uwe Böhnhardt waren tot. Die Verurteilung von Beate Zschäpe als Mittäterin an den Morden an neun Migranten und einer Polizistin zu lebenslanger Haft stützte sich daher ausnahmslos auf Indizien.

Für den Richter ist die Begründung seiner Überzeugung dennoch relativ einfach. Er zählt alle Indizien auf, die das von ihm gewählte Ergebnis stützen und stellt dann fest, dass er aufgrund einer „Gesamtwürdigung aller vorliegenden Beweisanzeichen und Indizien" davon überzeugt ist. Fertig. Und dieses Rezept kommt oft zum Einsatz. Bei rein mentalen Vorgängen gibt es auch fast keine andere Möglichkeit. Wie soll man sonst beurteilen, ob jemand Vorsatz hatte?

Wann Vorsatz vorliegt, ist gesetzlich nicht definiert. Im Strafrecht ist es aber seit langem herrschende Meinung, dass die beiden Umstände Wissen und Wollen entscheidend sind. Je mehr ein Umstand vorliegt, desto eher kann auf den anderen verzichtet werden. Will der Täter den Taterfolg unbedingt („Absicht") liegt ebenso Vorsatz vor, wie wenn er weiß, dass der Taterfolg auf jeden Fall eintreten wird – auch wenn er das eigentlich nicht will („direkter Vorsatz"). Hält der Täter es nur für

2 Alternative Fakten im Recht – Was ist Wahrheit?

möglich, dass der Taterfolg eintritt, und billigt er diesen oder findet er sich um des erstrebten Zieles willen damit ab, spricht man von „bedingtem Vorsatz"[7]. Der bedingte Vorsatz muss jedoch von der „bewussten Fahrlässigkeit" abgegrenzt werden. Bewusst fahrlässig handelt der Täter, wenn er ernsthaft darauf vertraut, dass der tatbestandliche Erfolg nicht eintreten wird[8]. Diese Abgrenzung ist schwierig.

Natürlich gibt es viele Fälle, in denen Menschen geplant ein Verbrechen begehen. Bankräuber und Auftragsmörder handeln vorsätzlich und sind sich dessen auch bewusst. Aber dann gibt es eben auch Situationen, in denen sich die Handelnden gar keine Gedanken über die Motive und Folgen ihres Verhaltens machen. Wer überlegt sich schon regelmäßig konkret, welches Risiko eine bestimmte Handlung mit sich bringt und wie man zu diesem Risiko steht? Gerade in Stresssituationen, wenn viel Adrenalin ausgeschüttet wird, ist es doch sogar eher wahrscheinlich, dass man mögliche Risiken verdrängt. Und dann fehlt es zumindest am Willenselement. Wie kann man dann als Außenstehender nachträglich beurteilen, was der Täter konkret gedacht, gefühlt oder gewusst hat? Wenn ein Angeklagter bestreitet, vorsätzlich gehandelt zu haben – wie kann man sicher wissen und nachweisen, dass das nicht stimmt? Ehrlicherweise muss man zugeben: Das ist derzeit in der Realität nicht möglich. Niemand kann in das Gehirn eines anderen Menschen sehen und schon gar nicht nachträglich.

Der BGH hat entschieden, dass es bei der Feststellung des bedingten Vorsatzes auf alle Umstände des Einzelfalls

---

[7]BGH, 01.03.2018, 4 StR 399/17, Rn. 17, zitiert nach juris.de.
[8]BGH, 01.03.2018, 4 StR 399/17, Rn. 17, zitiert nach juris.de.

ankommt, vor allem auch auf die Persönlichkeit des Täters, seine Motivation und die konkrete Angriffsweise[9]. Die objektive Gefährlichkeit der Tathandlung soll ein wesentlicher, aber nicht der allein maßgebliche Indikator sowohl für das Wissens- als auch für das Willenselement des bedingten Vorsatzes sein[10]. Das ist alles wieder recht schwammig, hat aber aus Richtersicht einen positiven Nebeneffekt. Denn in nahezu jedem unklaren Fall wird man nun begründen können, dass der Täter Vorsatz hatte oder eben auch nicht. Das gibt den Richtern einen riesigen Spielraum. Denn ein äußerlich feststehendes Geschehen kann allein aufgrund der inneren Einstellung des Täters zu völlig unterschiedlich Konsequenzen führen. Der Richter kann einen tödlichen Messerstich in die Brust als Körperverletzung mit Todesfolge, Totschlag oder Mord bewerten. Im ersten Fall beträgt die Strafe drei bis fünfzehn Jahre, im zweiten Fall fünf bis fünfzehn Jahre und bei Mord gibt es lebenslange Haft.

Entscheidend ist, wer entscheidet
Somit gibt es auch bei der Feststellung des Sachverhalts keine verbindlichen Standards und Richtlinien, wie man in unklaren Fällen vorgehen und entscheiden soll. Es ist gesetzlich nicht geregelt, welche Anforderungen an die richterliche Überzeugung zu stellen sind. Jeder Richter kann und muss darum für sich selbst entscheiden, ob er von einer Tatsache überzeugt ist oder nicht. Wie er das konkret macht, steht ihm frei. Letztlich genügt es, dass der Richter behauptet, aufgrund dieser und jener Umstände sei er „hinreichend sicher", dass sich das Geschehen so und so abgespielt habe. Was dieses „hinreichend sicher"

---

[9]BGH, 01.03.2018, 4 StR 399/17, Rn. 19, zitiert nach juris.de.
[10]BGH, 01.03.2018, 4 StR 399/17, Rn. 17 – 19, zitiert nach juris.de.

2 Alternative Fakten im Recht – Was ist Wahrheit?

konkret für ihn bedeutet, bleibt im Dunkeln. Somit besteht auch hier die Möglichkeit, durch subjektive Empfindungen des Rechtsanwenders den Sachverhalt und damit das Ergebnis in eine gewünschte Richtung zu bringen. Denn ebenso wie bei der Beantwortung rechtlicher Fragen ist objektiv nicht nachprüfbar, ob die Richter wirklich davon überzeugt sind. Das, was ein Gericht feststellt, kann die Wahrheit sein, muss es aber nicht. Das lässt sich vermutlich auch nicht ändern, denn das menschliche Erkenntnisvermögen ist begrenzt und die Beweiskraft der Beweismittel ist nicht absolut. Entscheidend ist, wer entscheidet. Das gilt sogar dann, wenn ein Richter völlig neutral und unbefangen an die Sache herangeht:

Sind Autoraser Mörder?
Das Landgericht Berlin hat die beiden Ku`damm-Raser wegen vorsätzlichen Mordes zu einer lebenslangen Freiheitsstrafe verurteilt. Die Richter waren der Ansicht, dass T1 und T2 vorsätzlich gehandelt hatten[11]. Die entscheidenden Passagen aus dem Originalurteil lauten:

Rechtliche Würdigung
Die Angeklagten handelten mit bedingtem Tötungsvorsatz.

[…]

Die Angeklagten haben […] ihre Fahrzeuge über […] die Berliner Hauptverkehrsadern Kurfürstendamm und Tauentzienstraße gelenkt, dabei ihre Geschwindigkeit beständig gesteigert, rotes Ampellicht missachtet und im Tatzeitpunkt den Geschädigten W. tödlich verletzt,

---

[11]LG Berlin, 27.02.2017, (535 KS) 251 Js 52/16 (8/16), Rn. 192, 200, 232, 234, zitiert nach juris.de.

weil sie mit etwa dreifach überhöhter Geschwindigkeit bei für sie rotem Ampellicht mit Vollgas und ohne jegliche Einsichtsmöglichkeit in die Unfallkreuzung eingefahren sind. Dies stellt ein in jeder Hinsicht halsbrecherisches Verhalten dar, das zum Tod oder zur Verletzung Dritter und auch der eigenen Person führen konnte. Im Hinblick auf den konkreten Fahrstil und die Tatörtlichkeiten war die hohe Wahrscheinlichkeit eines schweren Verkehrsunfalls naheliegend, zumal die Fahrstrecke nicht menschen- und autoleer war, die Fahrzeuge im Kurvenbereich an der Kaiser-Wilhelm-Gedächtniskirche im Grenzbereich des technisch Machbaren gelenkt wurden und sich die Gefährlichkeit der Handlung mit der Länge der gefahrenen Strecke kontinuierlich erhöhte, da damit auch die Wahrscheinlichkeit eines Unfalls zunahm. Bei einer wertenden Gesamtbetrachtung aller vorstehenden Umstände ist danach das Wissenselement des Eventualvorsatzes als gegeben anzusehen; denn die extreme Gefährlichkeit der Tathandlung war geeignet, jedem Verkehrsteilnehmer, auch den in keinster Weise psychisch beeinträchtigten Angeklagten, deutlich vor Augen zu führen, dass ein solches Verhalten tödliche Folgen zeitigen konnte. Dies gilt insbesondere für die im Kollisionszeitpunkt erreichte Geschwindigkeit, die bezüglich der Handlung ein lediglich fahrlässiges Verhalten nicht mehr nahelegt [...]

Bei der von der Kammer vorgenommenen Gesamtschau aller objektiven und subjektiven Tatumstände war auch das voluntative Element des bedingten Tötungsvorsatzes zu bejahen. Die Angeklagten haben sich mit der tödlichen Tatbestandsverwirklichung abgefunden, wissentlich eine große, anschauliche und konkrete Lebensgefahr geschaffen, sich gegenüber der erkannten

2 Alternative Fakten im Recht – Was ist Wahrheit?

Möglichkeit des Erfolgseintritts gleichgültig verhalten, waren aufgrund ihrer Motivation bereit, schwerste Folgen in Kauf zu nehmen […] Hinzu kommt, dass, wie vorstehend ausgeführt, die von ihnen eingehaltene Unfallgeschwindigkeit ein nur fahrlässiges Verhalten geradezu ausschließt […] Die Angeklagten konnten im Tatzeitpunkt gerade nicht mehr ernsthaft darauf vertrauen, dass alles gut gehen werde, sondern sie überließen es bei Einfahrt in den Kreuzungsbereich Tauentzienstraße/Nürnberger Straße dem Zufall, ob ein bevorrechtigtes Fahrzeug kreuzen werde und die Insassen den unausweichlichen Zusammenstoß überleben würden. Diese Konsequenzen waren ihnen in diesem Moment egal und gleichgültig; denn jeder von ihnen wollte aus dem Rennen als Sieger hervorgehen. Sie ließen es darauf ankommen und konnten nicht mehr ernstlich darauf vertrauen, ein Unfallgeschehen durch ihre Fahrgeschicklichkeit zu vermeiden, was insbesondere dadurch belegt wird, dass ein Vermeidungsverhalten – ein Lenk- oder Bremsmanöver – nicht mehr vorgenommen wurde und auch objektiv nicht mehr möglich war.

Das Urteil wurde öffentlich heftig kritisiert. Der BGH hat es in der Revision aufgehoben und zur Entscheidung an das Landgericht zurückverwiesen[12]. Unabhängig davon, wie der neue Prozess ausgeht, kann man einen Tötungsvorsatz der beiden Raser juristisch korrekt natürlich auch verneinen. Dann droht ihnen wegen fahrlässiger Tötung (§ 222 StGB) nur eine maximal fünfjährige Gefängnisstrafe. Begründen lässt sich das zum Beispiel so:

---

[12]BGH, 01.03.2018, 4 StR 399/17.

Rechtliche Würdigung

Dass die Angeklagten mit bedingtem Tötungsvorsatz handelten, konnte nicht zur Überzeugung des Gerichts festgestellt werden.

Bei der vorgenommenen Gesamtschau aller objektiven und subjektiven Tatumstände konnte das voluntative Element des bedingten Tötungsvorsatzes nicht zweifelsfrei bejaht werden. So kann aus der bei jungen Männern hormonbedingt höheren Risikobereitschaft allein noch nicht der zwingende Schluss gezogen werden, dass sie sich dadurch auch mit einem Unfall und der damit einhergehenden Tötung anderer Verkehrsteilnehmer abfinden. Denn zum einen haben T1 und T2 einen Großteil ihres Einkommens in die Ausstattung und Pflege ihrer Autos gesteckt. Es ist nicht ersichtlich, dass ihnen ein Unfall und die damit einhergehende Zerstörung ihrer Wagen egal waren. Dagegen spricht die Tatsache, dass bei einem Unfall auch das Leben und die Gesundheit von T1 und T2 gefährdet werden, für die Annahme, dass T1 und T2 auf einen guten Ausgang vertrauten. Vorliegend gibt es keinerlei Hinweise, dass T1 und T2 eine Art Kamikaze-Einstellung hatten und das Auto-Rennen auch um den Preis ihres eigenen Todes gewinnen wollten. Somit fehlt es am für den bedingten Vorsatz zwingend erforderlichen Wollens-Element.

Die Konsequenz ist, dass man vorab nie sicher weiß, von welchem Sachverhalt ein Richter ausgehen wird. Erst wenn der Prozess zu Ende ist und die schriftlichen Urteilsgründe vorliegen, steht fest, wie sich das Geschehen nach Meinung des Richters abgespielt hat. Doch natürlich ist auch hier die Meinung des Richters bezüglich des Sachverhalts nicht per se richtiger oder überzeugender als die Auffassung des Staatsanwalts oder des Verteidigers. Wieder gilt: Entscheidend ist, wer entscheidet.

# 3

Entscheidend ist, wer entscheidet – Richter sind auch nur Menschen

> **Übersicht**
>
> Theoretisch entscheiden Richter ihre Fälle ausschließlich nach Recht und Gesetz. Andere Gesichtspunkte spielen keine Rolle. Praktisch lassen Richter bei ihren Entscheidungen immer wieder subjektive Motive einfließen. Wer das geschickt ausnutzt, kann auch mit schwachen juristischen Argumenten gewinnen.

Richtern geht es nicht nur ums Recht

In einem Rechtsstaat mit funktionierender Gewaltenteilung entscheiden Richter darüber, wie die Rechtslage in einem konkreten Fall ist. Sie legen fest, welcher Sachverhalt für das Urteil als wahr unterstellt wird und welche der in Betracht kommenden Auslegungsvarianten die „richtige" ist. Doch obwohl ihnen dadurch eine kaum zu überschätzende Machtfülle zukommt, gibt es erstaunlicherweise kaum wissenschaftliche Untersuchungen darüber, wie Richter ticken und wie sie zu ihren Entscheidungen kommen.

Im Idealfall sind Richter fachlich versierte Juristen, die einen Rechtsstreit objektiv, neutral und in angemessener Zeit entscheiden. Dabei sollen sich die Richter nur nach dem Gesetz richten und nicht nach ihrem persönlichen Dafürhalten. Sie lassen sich weder vom Ansehen der Person leiten, noch haben sie ein eigenes Interesse am Ausgang des Prozesses. Sie sind unabhängig und unbestechlich. Im Idealfall kommen alle Richter in ein und demselben Fall zum gleichen Ergebnis. Ziel ist, dass derjenige, der ein Recht hat, es auch tatsächlich bekommt.

Damit die Entscheidung eines Richters akzeptiert wird und zu Rechtsfrieden führt, gibt es in einem Rechtsstaat eine Reihe von Vorkehrungen. Am wichtigsten ist die richterliche Unabhängigkeit. Das bedeutet zunächst, dass Richter bei der Entscheidung eines Falls keine Weisungen von anderen Personen befolgen müssen. Richter haben keine Vorgesetzten. Sie sind Richter auf Lebenszeit ernannt, bekommen ein angemessenes Gehalt und dürfen grundsätzlich nicht gegen ihren Willen versetzt oder entlassen werden. Zudem wird bereits im Voraus abstrakt festgelegt, wie neu eingehende Verfahren auf die einzelnen Richter verteilt werden. Das hängt zum Beispiel davon ab, wo eine Straftat begangen wurde oder wie hoch der Streitwert ist. Niemand soll sich gezielt einen ihm wohl gesonnenen Richter aussuchen können. Andererseits darf ein an sich zuständiger Richter dann nicht entscheiden, wenn er befangen ist. In wichtigen Fällen entscheiden mehrere Richter gemeinsam. Richter müssen ihre Entscheidungen schriftlich begründen, damit die Beteiligten nachvollziehen können, ob alles nach Recht und Gesetz abgelaufen ist. Sind sie nicht einverstanden, können sie Rechtsmittel einlegen und die Entscheidung von einem anderen Gericht überprüfen lassen. Und schließlich gibt es als schärfstes Schwert den Straftatbestand der Rechtsbeugung (§ 339 StGB). Ein Richter, der vorsätzlich falsch entscheidet, wird mit mindestens einem Jahr Freiheitsstrafe bestraft und aus dem Dienst entlassen.

So weit die Theorie. Doch wie sind Richter wirklich?

Richter wollen Sicherheit, Unabhängigkeit, Stabilität
In Deutschland werden Richter von den Justizministerien der Bundesländer eingestellt. Die wichtigste formale Voraussetzung ist, dass man in beiden juristischen Staatsexamen gute Ergebnisse hat, also mindestens neun von achtzehn möglichen Punkten. Obwohl man dafür nicht unbedingt eine überragende Intelligenz oder andere außergewöhnliche Fähigkeiten braucht – ein gewisses Maß an Fleiß und ein guter Repetitor genügen vollauf –, schaffen das Jahr für Jahr gerade einmal 15 % der Absolventen. Diese Legal High Potenzials sind auf dem Arbeitsmarkt heiß umkämpft. Wer von ihnen in den Justizdienst will, wird deshalb praktisch immer auch als Richter auf Probe eingestellt. Zum Richter auf Lebenszeit wird man frühestens nach drei Jahren ernannt.

Der Berufsalltag eines Richters in Deutschland ist relativ unspektakulär. Im Gegensatz zu Polizeibeamten, Feuerwehrleuten oder Notärzten sind Richter vom tatsächlichen Geschehen weit entfernt. Sie erleben die wesentlichen Dinge nicht real, sondern nur gefiltert aus Akten und Erzählungen. Körperliche Gewalt, Blut, die Schreie der Opfer – davon erfahren Richter immer erst nachträglich, wenn die Gefahr schon längst vorüber ist. Die wesentliche Tätigkeit eines Richters besteht dann darin, in seinem Büro zu sitzen und Akten zu bearbeiten. Der Tag vergeht mit lesen, telefonieren, in Rechtsprechungsdatenbanken recherchieren. Die mündlichen Verhandlungen sind meist ebenfalls nicht sonderlich spannend. Die Verhandlungsführung übernimmt stets der Vorsitzende. Dieser Chef-Richter macht praktisch alles. Er vernimmt die Zeugen, weist allzu forsche Rechtsanwälte in ihre Schranken und verkündet mündlich das Urteil. Die anderen Richter und die Schöffen sitzen dagegen meist stundenlang nur stumm herum. Im Gegensatz zu Fernseh-Gerichtsshows kommt es bei Zeugenvernehmungen auch nur selten zu spektakulären Wendungen oder emotionalen Ausbrüchen. Bei Strafprozessen wird zudem viel Zeit damit verbracht, dem Verlesen von Schriftstücken zuzuhören, die man bereits aus den Akten kennt. Ist der Sachverhalt geklärt, fällen die Richter nach geheimer Beratung ihre Entscheidung und verkünden das Urteil. Dann kommt der letzte Akt, der zwar nicht besonders beliebt ist, aber ungefähr ein Drittel der richterlichen Arbeitszeit in Anspruch nimmt: die schriftliche Begründung der Entscheidung.

Als Berufseinsteiger verdient man in der Besoldungsklasse R1 4000 EUR brutto. Die allermeisten Richter bleiben ihr Leben lang in R1 oder R2 und kommen dann am Ende auf 7000 EUR brutto. Wer es an den Bundesgerichtshof schafft, erhält 10.000 EUR. Und die Richter am höchsten deutschen Gericht, dem Bundesverfassungsgericht, gehen mit monatlich 14.000 EUR nach Hause.

All diese Umstände ziehen eine ganz bestimmte Art von Menschen an. Zunächst ist Geld für einen Richter in der Regel nicht das entscheidende Motiv. Denn wer zwei Prädikatsexamina hat, könnte in einer der großen Wirtschaftskanzleien leicht ein Einstiegsgehalt von 100.000 EUR und mehr pro Jahr erzielen. Was dagegen die meisten Richter schätzen, sind Unabhängigkeit, Sicherheit, Stabilität und Ruhe. Es ist einfach toll, keinen Chef zu haben. Richter können frei entscheiden, an welchem Fall sie wann und wo wie lange arbeiten. Das Einkommen ist dauerhaft gesichert und die Fälle kommen von alleine auf den Schreibtisch. Sehr beliebt ist auch die große Flexibilität beim Thema Teilzeit und das Gefühl,

3 Entscheidend ist, wer entscheidet – Richter ...

dass man eine sinnvolle Tätigkeit ausübt, die den Menschen und der Gesellschaft hilft. Ebenfalls geschätzt wird das Gefühl, wirklich etwas bewegen zu können. Denn Richter haben durchaus Macht. Sie entscheiden im Prozess alleine und sind grundsätzlich weder an die Argumente von Rechtsanwälten noch an die Urteile anderer Richter gebunden.

Richter sind autoritätsaffin
Und es gibt noch einen anderen typischen Charakterzug. Richter sind tendenziell autoritätshörig. Logisch, sie ordnen sich ja ihr ganzes Leben lang den Gesetzen unter. Doch diese Wesenseigenschaft ist für einen Richter entscheidend. Denn ohne sie wird man nur schwer Richter. Schon die Ausbildung ist nämlich darauf angelegt, dass nur solche Personen gute Noten bekommen, die sich anpassen und der herrschenden Meinung folgen. Das hängt mit der Art der Benotung in Jura zusammen. Juristen schreiben Klausuren, in denen ihnen konstruierte Fälle präsentiert werden, die sie dann rechtlich lösen müssen. In diesen Fällen sind jeweils verschiedene Rechtsprobleme eingebaut. Die Schwierigkeit liegt darin, die Rechtsprobleme zu erkennen und so zu lösen, dass man alle Probleme abarbeiten kann, die im Sachverhalt versteckt sind. Natürlich kann man auch eine andere als die herrschende Meinung vertreten. Das führt dann aber in der Regel dazu, dass sich bestimmte Folgeprobleme, die in der Klausur versteckt sind, gar nicht mehr stellen. Und das gibt Punktabzug. Die gute Note gibt es also nicht für eine gute oder möglichst gerechte Falllösung, sondern für das Finden der vom Klausurersteller versteckten Probleme. Für die geforderten Prädikatsexamina muss man sich in den Prüfungen deshalb konsequent der herrschenden Meinung anschließen. Nach ein paar Jahren hat man tief verinnerlicht, dass es Belohnungen nur dann gibt, wenn man

Autoritäten gehorcht. Querdenker halten das kaum so lange aus – zumal auch nach der Einstellung in den Justizdienst immer wieder Gehorsamsprüfungen erfolgen. Denn in manchen Bundesländern müssen Proberichter zunächst mehrere Jahre als weisungsgebundene Staatsanwälte arbeiten, häufig in der Provinz, wo sonst keiner hin will. Richter auf Lebenszeit werden daher nur solche Personen, die durch jahrelangen Gehorsam beweisen, dass sie sich Autoritäten bereitwillig unterordnen. Das konnte man in Deutschland eindrucksvoll bei den mehrfachen Systemwechseln des 20. Jahrhunderts beobachten. Die Richter passten sich stets reibungslos und ohne Widerspruch den neuen Verhältnissen an.

Richter lassen sich manchmal von persönlichen Motiven leiten, nicht nur vom Gesetz
Wie entscheiden Richter? Natürlich anhand des Gesetzes – so zumindest die Theorie und die Erwartung der meisten Menschen. Und nach offiziellen Angaben machen die Richter es auch genau so. Doch die Realität sieht manchmal anders aus.

Kommt ein neuer Fall, verschaffen sich die Richter zunächst einen groben Überblick: Worum geht es? Was ist passiert? Welche Entscheidung kommt in Betracht? Dann geht es um die Details. Bis zum endgültigen Urteil müssen Richter viele einzelne Zwischenentscheidungen treffen: Welche Gesetze sind wirklich relevant und müssen näher geprüft werden? Wie weit soll der Sachverhalt noch erforscht werden? Soll eine mündliche Verhandlung durchgeführt werden? Welche Zeugen muss man laden? Welchen Aussagen glaubt man? Wie ist ein Vertrag auszulegen? Welche Strafhöhe ist angemessen? Ergibt sich die Antwort auf eine dieser Fragen zwingend aus einer gesetzlichen Vorschrift, dann halten sich die Richter auch daran. Kein Richter setzt sich über ausdrückliche Formvorschriften

3 Entscheidend ist, wer entscheidet – Richter …

oder offenkundig erfüllte Tatbestände hinweg. Sieht man auf einer Überwachungskamera deutlich, wie der Angeklagte ein Juweliergeschäft ausräumt oder gibt er zu, dass er das Opfer vergewaltigt hat, dann wird ihn auch jeder Richter entsprechend verurteilen. Das gilt auch für Fällen, in denen der Täter auf frischer Tat ertappt wurde oder wenn er DNA-Spuren und Fingerabdrücke hinterlassen hat. Dann steht der Sachverhalt fest und die Richter können das Gesetz lehrbuchmäßig anwenden.

Interessant wird es, wenn ein Richter glaubt, er könne mehrere Ergebnisse so begründen, dass dies von seinen Richterkollegen akzeptiert wird. Der Soziologe und Jurist Rüdiger Lautmann hat bereits Anfang der 1970er-Jahre in einer bahnbrechenden empirischen Analyse[1] gezeigt, dass es dann in der Praxis auch schon mal so läuft: Anstatt neutral und offen alle möglicherweise in Betracht kommenden Gesichtspunkte zu untersuchen, legt sich der Richter relativ früh auf ein bestimmtes der in Betracht kommenden Ergebnisse fest. Anschließend sucht er zielgerichtet eine juristisch korrekte Begründung für genau dieses Ergebnis. Dabei geht er tendenziell selektiv vor und berücksichtigt vor allem solche Umstände, die zum anvisierten Ziel führen. Tatsachen, die weg vom erwünschten Ergebnis führen, werden als „lebensfremd", „unsubstantiiert" oder „reine Schutzbehauptung" bewertet und bleiben bei der Urteilsfindung außen vor. Die Glaubwürdigkeit von Zeugen wird entsprechend eingeschätzt und die Bereitschaft, anderen möglichen Sachverhaltsvarianten nachzugehen, sinkt. Urteile anderer Gerichte werden selektiv zitiert. Von dem einmal eingeschlagenen Kurs weicht der Richter nur noch dann ab,

---

[1] Lautmann, Rüdiger: Justiz – die stille Gewalt: Teilnehmende Beobachtung und entscheidungssoziologische Analyse, 1972.

wenn er durch spätere Erkenntnisse unvertretbar erscheint. Das ist schon ein dickes Ding, oder? In diesen Fällen läuft es bei der Entscheidungsfindung genau anders ab als in der Theorie. Der Richter ermittelt nicht zunächst sauber den vollständigen Sachverhalt, wendet darauf dann die Gesetze ergebnisoffen an und kommt so zu seiner Entscheidung. Nein, in diesen Fällen legt sich der Richter zuerst auf das Ergebnis fest und bewertet dann den Sachverhalt und die auslegungsbedürftigen Paragrafen gezielt so, dass am Ende das gewünschte herauskommt.

Doch Vorsicht: Natürlich ist das kein Generalverdacht gegen alle Richter. Ich bin sicher, dass die meisten Richter sich in den meisten Fällen gemäß der Theorie verhalten und sich nicht vorschnell auf ein bestimmtes Ergebnis festlegen. Nur lässt sich halt nie mit völliger Sicherheit ausschließen, dass der ein oder andere Richter gelegentlich doch auf diese Strategie zurückgreift. Das Problem ist: Als Außenstehender kann man nicht erkennen, wie der Richter tatsächlich zu seiner Entscheidung gekommen ist. Von außen betrachtet sieht es immer so aus, als hätten alle beteiligten Richter stets nur das Gesetz vor Augen gehabt. In der Urteilsbegründung wird die Entscheidung stets als einzig richtige dargestellt, die sich logisch zwingend aus den festgestellten Tatsachen ergibt. Zu den anderen Motiven, die die Richter bei den vielen Einzelfragen möglicherweise geleitet haben, wird nichts gesagt. Zweifel oder Meinungsverschiedenheiten unter den Richtern bleiben ebenfalls für alle Zeiten unerwähnt. Denn es gilt das Beratungsgeheimnis: „Der Richter hat über den Hergang bei der Beratung und Abstimmung auch nach Beendigung seines Dienstverhältnisses zu schweigen." (§ 43 DRiG).

All das hat noch eine weitere Konsequenz: Ein Richter, der sich entgegen dem juristischen Ideal zuerst auf ein bestimmtes Ergebnis festlegt, kann dabei auch außerrechtliche Gesichtspunkte mit einfließen lassen. In den

3 Entscheidend ist, wer entscheidet – Richter ...

Urteilsbegründungen werden die wahren Motive, die der Entscheidung zugrunde liegen, natürlich verschwiegen. Zwar gilt auch hier: Kein Generalverdacht gegen alle Richter! Aber es gibt eine Reihe von außerrechtlichen Motiven, die auch den engagiertesten Richter im stressigen Alltag zumindest hin und wieder in Versuchung führen können:

Erledigungsdruck Richter leiden fast immer unter Zeitnot. Die Justizverwaltungen haben nämlich mithilfe kluger Unternehmensberater errechnet, wie lange eine bestimmte Tätigkeit maximal dauern sollte und wie viele Fälle ein Richter an einem bestimmten Gericht deshalb monatlich oder im Jahr erledigen kann. Leider sind die errechneten Vorgaben in der Realität kaum zu schaffen. Denn die Justizverwaltungen stellen aus Kostengründen immer weniger Richter ein, als tatsächlich gebraucht werden. Momentan fehlen ca. 15 %. Natürlich kann man als Richter auf seine richterliche Unabhängigkeit pochen und sich so viel Zeit für jeden Fall nehmen, wie man braucht. Das führt aber dazu, dass man bis spät in die Nacht arbeitet und auch am Wochenende. Doch wer will das schon? Dann hätte man ja gleich in eine Großkanzlei gehen können ... Besteht man auf geregelten Arbeitszeiten, stapeln sich nach ein paar Monaten die Akten im Büro. Die Kollegen gucken komisch. Irgendwann beschweren sich die ersten Kläger. Der Gerichtspräsident lädt zum Gespräch. Man solle doch schauen, dass es schneller geht. Die meisten Richter wollen keinen Ärger und legen Wert auf gute Arbeit. Deshalb versuchen sie zunächst, das hohe Pensum mit Überstunden zu erledigen. Aber irgendwann wird es dann doch zu viel und es kommt zum Wechsel der Strategie: Ziel der Arbeit ist dann nicht mehr das langwierige Ringen um die beste und gerechteste Entscheidung, sondern ein Weg, den Fall schnell und einfach vom Tisch zu bekommen.

Deshalb sind Vergleiche und Deals bei Richtern so beliebt. Bei einem Vergleich einigen sich die streitenden Parteien, indem jeder ein bisschen nachgibt. Der Vorteil für den Richter: Die Sache ist schnell erledigt, denn er muss keine umfangreiche Beweisaufnahme machen und auch keine zeitraubende Urteilsbegründung schreiben. Gerade im Zivilrecht versuchen manche Richter deshalb mit allen Mitteln, die Parteien zu einem Vergleich zu motivieren: „Sie müssen sich natürlich nicht vergleichen. Das Gericht gibt jedoch zu bedenken, dass nach derzeitigem Stand die Position beider Parteien erhebliche Schwachstellen und Risiken hat – sowohl in rechtlicher als auch in tatsächlicher Hinsicht. (Blick zum Kläger) Kommt es nicht zu einer gütlichen Einigung muss im nächsten Schritt ein Sachverständigengutachten eingeholt werden. Die Kosten von mehreren tausend Euro müssen Sie als Kläger vorschießen. Und ob dann wirklich das rauskommt, was Ihnen hilft, weiß man nicht. (Blick zum Beklagten) Sollte der Sachverständige die Behauptungen des Klägers bestätigen, spricht einiges dafür, dass das Gericht der Klage in vollem Umfang stattgibt. Dann müssen Sie nicht nur die eingeklagte Summe zahlen, sondern auch alle Gerichts- und Anwaltskosten. Hinzu kommen noch die Zinsen auf die Klageforderung in Höhe von 5 % über dem Basiszinssatz seit Prozessbeginn. (An beide Parteien) Die Rechtslage ist in diesem Verfahren nicht eindeutig. Das Gericht hat sich insoweit auch noch keine abschließende Meinung gebildet. Das gleiche gilt für die Bewertung der bislang vorgelegten Urkunden und die Zeugenaussagen. Für jede Partei besteht somit ein erhebliches Risiko, vollständig zu unterliegen – mit allen Konsequenzen. Ich frage Sie deshalb nochmal: Kommen wir hier nicht doch zu einem Vergleich?" Die meisten Kläger und Beklagten sind juristische Laien und können nicht einschätzen, wie hoch ihre Chancen tatsächlich sind. Deshalb

3 Entscheidend ist, wer entscheidet – Richter ...

hören sie in dieser Situation fast immer auf den Rat ihres Anwalts. Und der schlägt aus zwei Gründen zumeist vor, den Vergleich anzunehmen. Zum einen kann er dann eine sogenannte Vergleichsgebühr abrechnen (wodurch sich sein Honorar auf einen Schlag um ca. 40 %(!) erhöht) Zum anderen besteht bei einer streitigen Entscheidung natürlich immer die Gefahr, dass der Mandant den Prozess komplett verliert. Und das ist nicht gut für's Image. Nicht wenige Verfahren enden deshalb mit einem Vergleich, der niemanden wirklich glücklich macht. Die Rechtslage spielt bei all dem nur eine untergeordnete Rolle und auch der Rechtsfrieden wird so kaum wieder hergestellt Das Pendant im Strafprozess ist der sogenannte Deal. Das bedeutet, dass der Angeklagte bestimmte Tatbestände zugibt. Dafür sichert ihm der Richter vorab zu, dass die Strafe eine bestimmte Höhe nicht überschreiten wird. Und gerade in größeren Wirtschaftsstrafsachen sind Deals bei allen Beteiligten auch sehr beliebt. Der vermögende Angeklagte kommt mit einer Geldstrafe davon, die seinen Lebensstandard nicht antastet. Richter und Staatsanwalt haben einen komplizierten Fall weg, der sie sonst viele Monate Arbeit gekostet hätte. Und der Verteidiger bekommt sein Honorar so oder so. Das eigentliche Ziel eines Strafverfahrens bleibt dabei aber meistens auf der Strecke: Der Sachverhalt wird nicht richtig aufgeklärt und die Tat nicht angemessen bestraft.

Kann ein Fall nicht zeitsparend beendet werden, greifen manche Richter gelegentlich doch zu der ergebnisorientierten Strategie. Das bedeutet: Glaubt so ein Richter, den Fall schnell beenden zu können, wenn er sich für ein bestimmtes Ergebnis entscheidet, dann geht er diesen Weg. Wie sich das für die Prozessbeteiligten auswirkt, ist ihm dabei meist egal. Denn ihm kommt es vor allem darauf an, dass er das gewünschte Ergebnis auf Grundlage der geltenden Gesetze so begründen kann, dass es von den anderen Richtern und Rechtsanwälten als akzeptabel beurteilt wird. Natürlich trifft das nicht für alle Richter zu. Die meisten werden wohl die Mühe auf sich nehmen und trotzdem versuchen, alle rechtlichen und tatsächlichen Fragen genau so zu entscheiden, wie sie das subjektiv für richtig erachten – auch wenn das im Ergebnis mehr Arbeit bedeutet. Indes wird man aber nie ganz ausschließen können, dass nicht doch der ein oder andere Richter im Einzelfall den vermeintlich einfacheren Weg wählt.

Die Karriereleiter Manche Richter haben Träume: Eines Tages als Vorsitzender Richter am Bundesgerichtshof oder gar als Verfassungsrichter an Grundsatzurteilen mitwirken und bundesweit die Rechtslage gestalten, vielleicht sogar im Fernsehen auftreten oder von Zeitungen interviewt werden – das wäre was. Zumal das auch mehr Geld bedeutet. Doch die Straße nach Karlsruhe ist eng. Zunächst muss man den Sprung ans Oberlandesgericht schaffen. Und darüber entscheiden die Justizministerien. Wesentliche Kriterien dabei sind die dienstlichen Beurteilungen. Wer über die Jahre deutlich weniger Fälle erledigt als der Durchschnitt seiner Kollegen, hat schlechte Karten. Das gleiche gilt, wenn zu viele Urteile in der höheren Instanz wieder aufgehoben werden. Viele Richter tun deshalb fast alles, um das zu vermeiden. Sie behandeln die Urteile der ihnen direkt übergeordneten Gerichte so, als wären es verbindliche Gesetze. Und in der Regel kommen auch die Lösungsansätze für neue Probleme nicht von den Richtern der unteren Instanzen. Denn man weiß ja nie, wie das eigene Oberlandesgericht darüber denken könnte. Je höher man die Karriereleiter erklimmt, desto größer wird zudem der Einfluss der Politiker. Über die Berufung an den Bundesgerichtshof oder das Bundesverfassungsgericht entscheiden vor allem von Parteipolitikern dominierte Gremien. Wer als Richter nach ganz

3 Entscheidend ist, wer entscheidet – Richter ...

oben will, sollte deshalb frühzeitig daran denken, nicht gegen die Interessen der jeweiligen Regierungsparteien zu entscheiden.

Gute Beziehung zu den Rechtsanwälten Den meisten Richtern ist daran gelegen, eine gute Beziehung zu den Rechtsanwälten aufzubauen, zumindest dann, wenn sie häufiger aufeinander treffen. Denn obwohl Rechtsanwälte keinen direkten Einfluss auf die Entscheidung eines Richters haben, können sie ihm das Leben doch recht schwer machen. Rechtsanwälte kennen nämlich die prozessualen Regeln und wissen genau, was die übergeordnete Instanz noch durchgehen lässt. Macht ein Richter dabei Fehler, ist die Gefahr groß, dass das Urteil aufgehoben wird. Rechtsanwälte können das Verfahren auch durch immer neue Beweisanträge in die Länge ziehen. Und ganz wichtig: Rechtsanwälte können ihre Mandanten so beraten, dass diese einen für den Richter zeitsparenden Vergleich oder Deal ablehnen.

Persönliche Vorlieben In manchen Fällen kommen die persönlichen Sympathien, Vorlieben und Wertvorstellungen des Richters mit ins Spiel. Da gibt es Kuschel-Richter, die das von ihnen gehätschelte Klientel mit Samthandschuhen anfassen und auch bei der x-ten schweren Körperverletzung nur eine Bewährungsstrafe verhängen. Dagegen schickte der als Richter Gnadenlos bekannte Ronald Schill in Hamburg eine Autokratzerin für zweieinhalb Jahre ins Gefängnis, obwohl selbst die Staatsanwaltschaft nur zehn Monate auf Bewährung gefordert hatte.

Den Richterkollegen etwas Gutes tun Richter entscheiden auch in eigener Sache. Dabei neigen sie tendenziell dazu, Vorschriften eher zugunsten ihrer Richterkollegen auszulegen. So haben die Richter am Bundesverfassungsgericht im Jahr 2015 entschieden, dass das Einstiegsgehalt für Richter im Saarland in Höhe von 3200 EUR verfassungswidrig ist, weil zu gering[2]. Die richterliche Unabhängigkeit wird ebenfalls sehr großzügig interpretiert. Nach Ansicht des Bundesgerichtshofs darf ein Richter nicht dazu gezwungen werden, eine bestimmte Mindestanzahl von Stunden zu arbeiten oder täglich im Gericht zu erscheinen. Feste Kernarbeitszeiten sind ebenfalls ein No-Go. Warum? Na, weil der Richter

> [...] in seiner eigentlichen Arbeit, der Rechtsfindung, von äußeren Zwängen, seien sie auch nur atmosphärischer Art, soweit als eben möglich frei sein [soll]. Er soll die Möglichkeit haben, sich, wann immer seine Anwesenheit im Gericht nicht unerlässlich ist, mit seiner Arbeit zurückziehen zu können, um sich ihr in anderer Umgebung und mit freierer Zeiteinteilung umso ungestörter und intensiver widmen zu können. Ihm dies zu verwehren, hieße bereits, ihn von einer Arbeitsweise abzuhalten, die er für ertragreicher und der Sache angemessener erachtet und die dies, wenn der Richter so empfindet, im Zweifel auch ist[3].

Da verwundert es nicht, dass kaum ein Richter wegen Rechtsbeugung verurteilt wird. Die Mindeststrafe dafür beträgt nach § 339 StGB nämlich ein Jahr Gefängnis. Zwingende Folge: Der Rechtsbeuger wird entlassen und verliert seine Pensionsansprüche. Das ist unschön. Die Kollegen vom Bundesgerichtshof haben deshalb die Voraussetzungen für das Vorliegen einer Rechtsbeugung extrem verschärft. Nach ihrer Ansicht genügt es nicht,

---

[2]BVerfG, 05.05.2015, 2 BvL 17/09, BVerfGE 139, 64–148.
[3]BGH, 16.11.1990, RiZ 2/90, Rn. 9, zitiert nach juris.de.

3 Entscheidend ist, wer entscheidet – Richter ...

wenn eine Entscheidung bloß „unvertretbar" ist, der Richter muss sich vielmehr „bewusst in schwerwiegender Weise" von Recht und Gesetz entfernen[4]. Für diese verschärfte Anforderung gibt der Wortlaut der Vorschrift zwar nichts her. Zudem ist völlig unklar, wo genau die Grenze zu einer bloß unvertretbaren Entscheidung verlaufen soll. Davon profitieren natürlich alle Richter. Denn da sich fast alles juristisch korrekt begründen lässt, muss man schon ziemlich gedankenlos sein, um heute noch wegen Rechtsbeugung verurteilt zu werden. Andererseits können aufgrund der schwammigen Formulierung unliebsame oder gar zu aufmüpfige Richterkollegen bei Bedarf trotzdem noch sanktioniert werden.

Kritik vermeiden Hin und wieder drängt sich die Vermutung auf, dass die Richter bei einem Urteil mehr auf die Außenwirkung geachtet haben als auf juristische Argumente. Das prominenteste Beispiel ist hier wohl die strafrechtliche Verfolgung der NS-Verbrechen. In den ersten Nachkriegsjahren wurden nur Täter verurteilt, denen die Beteiligung an einem Mord unmittelbar nachgewiesen werden konnte. Die meisten echten Täter blieben daher unbehelligt. Hier hat sich der Wind mittlerweile völlig gedreht. Mehr als 70 Jahre nach Kriegsende leben zwar nur noch wenige, die damals mit dabei waren. Wird einer von ihnen noch entdeckt, erschallt nun aber sofort der Ruf nach harten Strafen. Das Problem: Bis auf Mord und Beihilfe dazu sind alle Taten längst verjährt. Deshalb werden seit ein paar Jahren immer wieder ältere Herren, die als junge Erwachsene in Konzentrationslagern die Brieftaschen der Opfer eingesammelt haben oder als Wachmann tätig

---

[4]BGH, 14.09.2017, 4 StR 274/16, Rn. 19, zitiert nach juris.de.

waren, wegen Beihilfe zum Mord in zehn- oder hunderttausenden von Fällen zu jahrelangen Haftstrafen verurteilt – obwohl ihnen keine einzige Tat konkret nachgewiesen oder zugeordnet werden kann[5].

Ein weiteres Beispiel ist die Unsitte vieler Richter, sich auch dann für eine Sachverhaltsvariante zu entscheiden, wenn die zur Verfügung stehenden Beweismittel offensichtlich nicht zu einem eindeutigen Ergebnis führen. Wenn Aussage gegen Aussage steht, wenn es widersprüchliche Sachverständigengutachten gibt oder wenn es um mentale Vorgänge geht, die von der betroffenen Person bestritten werden, müssten die Richter ehrlicherweise zugeben, dass sie von keiner Variante wirklich überzeugt sind. Doch wer will schon als Versager dastehen, der nicht in der Lage ist, den Sachverhalt aufzuklären und Entscheidungen zu treffen? Und was würde die Öffentlichkeit sagen, wenn ein Richter in der Mehrzahl seiner Urteile schreibt, er habe den Sachverhalt nicht zu seiner vollen Überzeugung feststellen können und spreche den Angeklagten deshalb in dubio pro reo frei?

Das Chaos in der Rechtsprechung ist größer als gemeinhin bekannt

In Deutschland gibt es ca. 20.000 Richter. Diese bilden trotz vieler Gemeinsamkeiten aber keine einheitliche homogene Masse. Jeder Richter ist anders. Und deshalb kommen die Richter bei der Beurteilung ein und desselben Falls selbst dann nicht alle zum selben Ergebnis, wenn sie redlich handeln und ihre Urteile frei von subjektiven Motiven fällen. In der Realität gehen die Urteile vor allem dann weit auseinander, wenn es hauptsächlich

---

[5]LG München II, 12.05.2011, 1 Ks 115 Js 12496/08 (John Demjanjuk); LG Lüneburg, 15.07.2015, 27 Ks 9/14 (Oskar Gröning), alle zitiert nach juris.de.

3 Entscheidend ist, wer entscheidet – Richter ...

auf die Bewertung der individuellen Umstände des Falls ankommt. So sind im Strafrecht bei den einzelnen Straftatbeständen immer nur bestimmte Strafrahmen festgelegt. Bei einem (nicht tödlichen) Messerangriff beträgt dieser Strafrahmen zum Beispiel sechs Monate bis zehn Jahre. Bei der Auswahl der konkreten Strafe muss der Richter gemäß § 46 StGB unter anderem folgende Umstände berücksichtigen:

- die Schuld des Täters,
- die Wirkungen, die von der Strafe für das künftige Leben des Täters in der Gesellschaft zu erwarten sind,
- die Beweggründe und die Ziele des Täters,
- die Gesinnung, die aus der Tat spricht,
- der bei der Tat aufgewendete Wille,
- das Maß der Pflichtwidrigkeit,
- die Art der Ausführung und die verschuldeten Auswirkungen der Tat,
- das Vorleben des Täters,
- seine persönlichen und wirtschaftlichen Verhältnisse,
- sein Verhalten nach der Tat, besonders sein Bemühen, den Schaden wiedergutzumachen und
- das Bemühen des Täters, einen Ausgleich mit dem Verletzten zu erreichen.

Das alles sind sehr abstrakte Begriffe, die viel Interpretationsspielraum lassen. Dementsprechend fallen die Urteile auch sehr unterschiedlich aus. Ähnlich ist es beim Thema Schmerzensgeld. Auch hier gibt es keine vom Gesetz vorgegebenen Werte. Jeder Richter muss selbst entscheiden, welchen Betrag er im Einzelfall für angemessen hält. Der BGH fordert zwar seit langem, dass für vergleichbare Verletzungen ein annähernd gleiches Schmerzensgeld zu gewähren ist[6]. Angesichts der sehr schwammigen Kriterien kommt es aber auch hier immer wieder zu großen Abweichungen. Und das gilt für alle Rechtsgebiete, sogar dann, wenn es für die Betroffenen um besonders einschneidende Fragen geht: Liegen die Voraussetzungen für einen Haftbefehl vor? Drohen einem abgelehnten Asylbewerber in seiner Heimat ernsthafte Gefahren für Leib und Leben? Ist die zwangsweise Unterbringung, Fixierung oder Sedierung einer psychisch kranken Person zulässig?

Doch sogar dann, wenn es nur um die Beurteilung reiner Rechtsfragen geht und keine umfassenden Abwägungen persönlicher Schicksale oder Zukunftsprognosen erforderlich sind, ist oft nicht vorhersehbar, wie ein Richter entscheiden wird. Das zeigt exemplarisch folgendes Beispiel aus meiner zivilrechtlichen Praxis: 2014 entschied der Bundesfinanzhof, dass auf bestimmte Zytostatika-Medikamente keine Umsatzsteuer anfällt[7]. Seitdem streiten Krankenversicherungen und Krankenhäuser, ob die bis dato zu viel gezahlte Umsatzsteuer zurückgezahlt werden muss. Dabei geht es um viel Geld. Bundesweit laufen dazu mehrere hundert Gerichtsverfahren. Doch die Entscheidungen der Gerichte gehen weit auseinander. Bis Mitte 2018 haben mindestens zwölf Amtsgerichte, neunzehn Landgerichte und zwei Oberlandesgerichte zugunsten der Krankenkassen entschieden. 17 Amtsgerichte, 29 Landgerichte und ein Oberlandesgericht haben einen Rückzahlungsanspruch dagegen abgelehnt. Die Begründungen in den einzelnen Fällen variieren erheblich, obwohl es praktisch immer um nahezu

---

[6]BGH, 19.12.1969, VI ZR 111/68, Rn. 13, zitiert nach juris.de.
[7]BFH, 24.09.2014, Az. V R 19/11, zitiert nach juris.de.

3 Entscheidend ist, wer entscheidet – Richter ...

identische Sachverhalte und um die gleichen rechtlichen Fragen geht. Wer an einem Gericht klagt, das noch kein Urteil gemacht hat, kann deshalb überhaupt nicht einschätzen, wie und mit welcher Begründung der Richter entscheiden wird.

Wirklich sicher ist deshalb nur: Egal wie das konkrete Urteil lautet – mit einem anderen Richter hätte das Verfahren ganz anders ausgehen können. Entscheidend ist, wer entscheidet.

Wie man mit schwachen juristischen Argumenten gewinnen kann
Der Umstand, dass manche Richter bei der Urteilsfindung gelegentlich den bequemen Weg gehen oder persönliche Motive einfließen lassen, kann durchaus von Nutzen sein. Machen Sie dem Richter einfach klar, dass er den Fall wesentlich schneller vom Tisch hat, wenn er zu Ihren Gunsten entscheidet. Dazu müssen Sie ihm zunächst einen Weg aufzeigen, wie er das juristisch korrekt begründen kann – und zwar so, dass seine Richterkollegen nicht die Nase darüber rümpfen. Hilfreich ist, wenn Sie zusätzlich deutlich machen, dass ein Vergleich für Sie nicht infrage kommt und Sie im Fall einer ungünstigen Entscheidung auf jeden Fall Rechtsmittel einlegen werden. Das ist für den Richter aus zwei Gründen misslich: Zum einen kommt er nicht um das relativ zeitaufwendige Schreiben einer Urteilsbegründung herum. Zum anderen besteht die Gefahr, dass seine Entscheidung von der nächsten Instanz als falsch bewertet und aufgehoben wird. Im Einzelfall kann das den Ausschlag geben, dass der Prozess für Sie positiv ausgeht.

> Sprechen Sie die persönlichen Motive des Richters niemals direkt an! Kein Richter wird zulassen, dass er öffentlich in den Verdacht gerät, seine Entscheidungen von anderen als rechtlichen Gesichtspunkten abhängig zu machen. Das „Zeit sparen"-Argument muss sich wie von selbst aus Ihrer juristischen Argumentation ergeben. Für diese Strategie sind deshalb sehr gute Rechtskenntnisse und die Fähigkeit, geschickt zu formulieren, unabdingbare Voraussetzung.

4

Oh wie schön ist Panama – Rechtsanwälte in Aktion

> **Übersicht**
>
> Theoretisch kämpfen Rechtsanwälte für Recht und Gerechtigkeit. Sie verhelfen den Witwen und Waisen zum Sieg gegen übermächtige Gegner. Mit guten Argumenten gewinnen sie jeden Prozess. Praktisch geht es manchen Rechtsanwälten in erster Linie ums Geld. Sie nutzen gesetzliche Regeln, um sich oder ihren Mandanten Vorteile zu verschaffen, gelegentlich sogar unlautere. Und je mehr Geld ein Mandant hat, desto besser sind seine Chancen vor Gericht. Ob ein Rechtsanwalt gewinnt, hängt aber immer vom jeweiligen Richter ab.

Wenn Rechtsanwälte gegen den Geist der Gesetze verstoßen

Für viele Menschen ist das Rechtssystem ein undurchdringlicher Dschungel. Die Rechtslage ist oft unklar, die Gesetze sind unverständlich. Zum Glück gibt es Hilfe. Rechtsanwälte wissen, was zu tun ist. Sie kennen die Gesetze und unterstützen ihre Mandanten im Kampf ums Recht. Sie wissen, wie man gegenüber Behörden und Gerichten am besten formuliert und argumentiert. Und auch wenn es mal richtig hart wird, zum Beispiel bei einer Scheidung oder nach einer Verhaftung, stehen sie fest an unserer Seite. So kommt es täglich tausendfach vor, so ist es gedacht und damit sind die Menschen einverstanden. Und dafür genießen die Rechtsanwälte zu Recht auch viel Respekt. Dennoch stehen Rechtsanwälte hin und wieder auch in der Kritik. Sie kämpfen nämlich nicht immer nur für Gerechtigkeit, sondern verhelfen ihren Mandanten manchmal auch mit Hilfe von Gesetzeslücken oder raffinierten juristischen Winkelzügen zu unfairen Vorteilen. Denn wie jedes von Menschen entwickelte komplexe System ist auch das Rechtssystem nicht perfekt. Es gibt immer Schwachstellen oder Wechselwirkungen mit anderen Gesetzen, die der Gesetzgeber übersieht. Ebenso wie ein Computerhacker kann deshalb auch ein Anwalt versuchen, diese Lücken auszunutzen.

Wie juristische Tricks illegale Mandantentätigkeiten verschleiern Manchmal möchte ein Mandant illegale Dinge tun, ohne dafür bestraft zu werden. Natürlich darf ein Rechtsanwalt (R) keine konkreten Tatpläne aushecken, denn dadurch würde er sich selber strafbar machen. Aber er kann die Rechtslage so erläutern, dass der Mandant (M) selbst die entsprechenden Konsequenzen ziehen kann. Rein fiktiv klingt das zum Beispiel so:

M „Herr Anwalt, was soll ich tun? Ich habe eine Geliebte und will ohne Scheidung endgültig von meiner Frau loskommen. Sie verstehen? [zwinkert verschwörerisch] Was würde denn da im Ernstfall drohen?"

R „Für Totschlag gibt es zwischen fünf und fünfzehn Jahren. Kommt noch ein Mordmerkmal dazu, heißt es lebenslänglich.

4 Oh wie schön ist Panama – Rechtsanwälte ...

Dann kommen Sie nach frühestens fünfzehn Jahren wieder aus dem Gefängnis raus."
M „Gibt's denn keine andere Möglichkeit?"
R „Nun, es gibt natürlich Situationen, in denen man nicht bestraft wird. Zum Beispiel Notwehr. Wer angegriffen wird, darf sich verteidigen. Dabei ist alles erlaubt, was notwendig ist, um den Angriff sicher, sofort und endgültig abzuwehren."
M „Aha..."
R „Man wird auch dann nicht bestraft, wenn man schuldunfähig ist. Das ist nach der Rechtsprechung des Bundesgerichtshofs jedenfalls ab 3,3 Promille Alkohol im Blut der Fall. Wer in diesem Zustand noch in der Lage ist, eine Straftat zu begehen, wird höchstens wegen Vollrausch bestraft. Aber da geht der Strafrahmen nur bis fünf Jahre."
M [empört] „Ich trinke nicht."
R „Dann gibt es noch die Tateinheit."
M „Was ist das?"
R „Wenn sich zwei Handlungen zeitlich überschneiden, werden sie in rechtlicher Hinsicht als eine Tat bewertet. Und das ist für den Täter sehr günstig."
M „Warum?"
R „Weil niemand wegen derselben Tat mehrmals bestraft werden darf."
M „Und was bringt mir das?"
R „Betrachten wir mal folgenden Fall: Jemand fährt mit 1,2 Promille Auto. Damit macht er sich wegen Trunkenheit im Verkehr strafbar (§ 316 StGB). Ihm droht eine Freiheitsstrafe bis zu einem Jahr oder Geldstrafe. Während der Fahrt kollidiert er mit seiner fahrradfahrenden Frau. Die Frau stürzt in den Graben und stirbt. Der Mann packt sie in den Kofferraum und vergräbt sie im Garten. Anschließend geht er zur Polizei und zeigt sich selbst wegen der Trunkenheitsfahrt an. Über die tote Frau verliert er kein Wort. Nachbarn und Bekannten erklärt er, seine Frau sei zu ihren kranken Eltern gereist, um diese zu pflegen. Nach

vier Wochen kommt ein Strafbefehl über 90 Tagessätze wegen der Trunkenheitsfahrt. Der Mann akzeptiert die Strafe und der Strafbefehl wird rechtskräftig. Erst danach kommt ans Licht, dass der Mann seine Frau getötet hat."

M „Und dann?"

R „Da sich die Trunkenheitsfahrt und die Tötung zeitlich überschneiden, liegt Tateinheit vor. Für die Trunkenheitsfahrt wurde der Mann aber schon rechtskräftig zu der Geldstrafe verurteilt. Deshalb kann er nun wegen der Tötung nicht nochmals angeklagt und verurteilt werden. Denn aus rechtlicher Sicht ist das Ganze eine einheitliche Tat."

M „Mhhh, nicht uninteressant…"

Oder was macht ein geschäftstüchtiger Anwalt, wenn der vermögende Mandant heimlich Geld waschen, Steuern hinterziehen oder jemanden bestechen will?

- Schritt 1: Er weist ihn darauf hin, dass das illegal ist und man sich daran selbstverständlich nicht beteiligt.
- Schritt 2: Er erklärt ganz neutral, wie eine anonyme Briefkastenfirma in Panama funktioniert.
- Schritt 3: Er hilft bei der Gründung der Gesellschaft und setzt auf Wunsch noch einen Scheindirektor ein.

Der Scheindirektor unterschreibt dann im Voraus Blanko-Dokumente, die der wahre Eigentümer der Briefkastenfirma (=der Mandant) später nach Bedarf ergänzt. Dadurch kann der Mandant seine Geschäfte über die Gesellschaft abwickeln, ohne selbst in Erscheinung zu treten. Wie die sogenannten Panama-Papers gezeigt haben, erfreut sich diese Strategie bei vielen Reichen und Mächtigen dieser Welt durchaus einer gewissen Beliebtheit.

4 Oh wie schön ist Panama – Rechtsanwälte ...

Gesetze als Mittel zum Zweck Manchmal kann ein Rechtsanwalt für seinen Mandanten allein durch die Einlegung von aussichtslosen Rechtsmitteln als Nebeneffekt einen großen Vorteil herbeiführen. Das ist zum Beispiel für Asylbewerber ganz nützlich. Denn diese dürfen nicht abgeschoben werden, solange ihr Verfahren noch nicht rechtskräftig entschieden ist. Aufgrund der Masse an Fälle kommen die Verwaltungsrichter derzeit aber nur langsam hinterher. Die Verfahren dauern entsprechend lange. Und es gibt viele Rechtsmittel: Klage vor dem Verwaltungsgericht gegen den Ablehnungsbescheid, Berufung zum Oberverwaltungsgericht, Revision zum Bundesverwaltungsgericht. Anschließend Klage gegen die Ausreiseverfügung und die Abschiebungsandrohung und natürlich einstweiligen Rechtsschutz gegen die drohende Abschiebung. Jeweils wieder mindestens zwei Instanzen. Hilft das alles nichts, kann man noch einen Antrag bei der Härtefallkommission stellen. Solange diese prüft, wird auch nicht abgeschoben. Der Vorteil: Bis all diese Verfahren abgeschlossen sind, vergehen Jahre. In dieser Zeit darf der Asylbewerber in Deutschland bleiben. Er wird versorgt, erhält Sozialleistungen und so manchem gelingt es dann doch noch, einen Grund zu schaffen, wegen dem er dauerhaft bleiben darf. Das kann die Hochzeit mit einer bzw. einem Deutschen sein oder die Geburt eines Kindes, das die deutsche Staatsbürgerschaft erhält. Und immer wieder machen die Politiker Stichtagsregelungen, wodurch alle Asylbewerber, die schon mehrere Jahre im Land leben, ein dauerhaftes Aufenthaltsrecht bekommen, wenn sie einigermaßen integriert sind und keine schwerwiegenden Straftaten begangen haben. Es kann sich also auszahlen, hartnäckig zu sein – auch wenn die eingelegten Rechtsmittel von vornherein aussichtslos sind.

Manche Rechtsanwälte nutzen die Gesetze auch für eigene Zwecke, vor allem, um Umsatz zu machen. Berühmt-berüchtigt sind die Massenabmahnungen, zum Beispiel beim Filesharing. Wer einen Film, ein Musikstück oder ein Foto im Internet veröffentlicht und dabei das Urheberrecht einer anderen Person verletzt, kann vom Rechteinhaber abgemahnt werden. Dem Rechtsverletzer wird dann angedroht, dass er bei einem weiteren Rechtsverstoß ein Ordnungsgeld bezahlen muss oder er sogar ins Gefängnis kommt. Dagegen ist grundsätzlich nichts einzuwenden. Unschön wird es aber, wenn sich findige Rechtsanwälte mit Rechteinhabern zusammentun und dann gezielt nach solchen Urheberrechtsverletzungen suchen. Mit den richtigen technischen Hilfsmitteln wird man zum Beispiel auf Tauschbörsen relativ leicht fündig. Dann bekommt der Verletzer eine Abmahnung vom Anwalt. Das ist ein einfaches Standardschreiben, mit dem der Rechtsverletzer aufgefordert wird, eine Unterlassungserklärung abzugeben (=er unterschreibt, dass er das Recht in Zukunft nicht mehr verletzt) und die Kosten für den Rechtsanwalt zu übernehmen. Der zweite Punkt ist aus Sicht des Anwalts entscheidend. Denn die Anwaltskosten betragen auch in einfachen Fällen schnell 1000 EUR und mehr. Weigert sich der Abgemahnte, geht die Sache vor Gericht. Dort wird er auf Unterlassung verklagt und auch verurteilt, denn er hat das Urheberrecht ja verletzt. Dann wird die Sache schnell um das Zweieinhalb- bis Fünffache teurer.

Gesetze geschickt kombinieren Richtig raffiniert wird es, wenn Rechtsanwälte rechtliche Möglichkeiten für Zwecke nutzen, an die der Gesetzgeber gar nicht gedacht hat. Das geht am besten, wenn man Gesetze aus verschiedenen Rechtsgebieten oder Rechtsordnungen miteinander kombiniert. Denn mittlerweile gibt es so viele Gesetze, dass die

4 Oh wie schön ist Panama – Rechtsanwälte ...

als Gesetzgeber tätigen Personen nie alle möglichen Folgen und Wechselwirkungen erkennen und berücksichtigen können. Damit kann ein Anwalt viel Geld verdienen, vor allem, wenn er dadurch die Steuerlast reicher Mandanten reduziert. Dazu ein paar aktuelle Beispiele:

Wer ein Grundstück kauft, muss 5 % Grunderwerbssteuer zahlen. Das ist nicht wenig. Deshalb raten gewiefte Anwälte zur Share-Deal-Strategie: Zuerst gründet man eine Gesellschaft, die als Eigentümerin des Grundstücks im Grundbuch eingetragen wird. Anschließend wird nicht das Grundstück verkauft, sondern die Gesellschaft, der das Grundstück gehört. Der Verkauf einer Gesellschaft ist steuerfrei. Da sich im Grundbuch nichts ändert – Eigentümerin des Grundstücks ist nach wie vor die Gesellschaft – fällt aber auch keine Grunderwerbssteuer an. Als der ehemalige Sitz der Europäischen Zentralbank (EZB), der 148 m hohe Eurotower in Frankfurt, 2015 für mehr als 480 Mio. EUR verkauft wurde, sparten die Beteiligten mit diesem Trick Grunderwerbssteuer in Höhe von 29 Mio. EUR.

2012 gehörte der Volkswagen AG bereits die Hälfte der Porsche AG. Um die Porsche AG ganz zu übernehmen, vereinbarte VW mit der Porsche-Dachgesellschaft Porsche SE, die noch fehlenden Aktien an der Porsche AG für 4,5 Mrd. EUR zu erwerben. Nach dem Gesetz wären dabei Steuern in Höhe von 1,5 Mrd. EUR angefallen. Clevere Juristen kamen aber rechtzeitig auf folgende Idee: Wird ein Unternehmensteil (=die zweite Hälfte der Porsche AG) in eine Kapitalgesellschaft (=die Volkswagen AG) eingebracht, fallen keine Steuern an, wenn der bisherige Eigentümer (=die Porsche SE) dafür neue Anteile an der Kapitalgesellschaft (=die Volkswagen AG) erhält. Der übertragene Unternehmensteil ist dann eine sogenannte Sacheinlage. Gesagt, getan. Die Porsche SE erhielt von VW deshalb nicht nur 4,5 Mrd. EUR, sondern zusätzlich noch eine Aktie der Volkswagen AG. Und schon reduzierte sich die Steuerlast um über 90 % auf nur noch 100 Mio. EUR.

Und dann gibt es noch die großen Internetkonzerne wie Amazon, Apple, Google oder Facebook. Die sind weltweit tätig und machen Milliardengewinne, wollen darauf aber natürlich nicht die in Deutschland oder den USA geltenden Steuersätze bezahlen. In diesem Fall liegt die Lösung darin, mit Hilfe von Tochterunternehmen steuerpflichtige Gewinne in Länder mit niedrigen effektiven Steuersätzen zu verschieben. Eine Möglichkeit ist die sogenannte Double-Irish-With-a-Dutch-Sandwich-Strategie: Zunächst wird ein Teil der Einnahmen in Hochsteuerländern als Lizenzgebühr an ein Tochterunternehmen in Irland gezahlt. Das irische Tochterunternehmen leitet das Geld über ein weiteres Tochterunternehmen in den Niederlanden an ein zweites irisches Tochterunternehmen weiter. Diese zweite irische Tochter hat ihren Sitz in einem Steuerparadies auf dem kaum oder keine Unternehmenssteuern anfallen, zum Beispiel den Bermudas. Der Trick: In Irland ist der Steuersatz schon generell relativ niedrig. Allerdings würde bei einer direkten Überweisung in ein Steuerparadies noch eine Quellensteuer anfallen. Das wird durch die Zwischenschaltung der niederländischen Tochter vermieden. Denn in den Niederlanden fällt in diesem speziellen Fall keine Steuer an, weil aufgrund eines Abkommens mit Irland Lizenzzahlungen von der Steuer befreit sind. Unterm Strich zahlt der Konzern somit nur geringfügige Steuern in Irland. Der Großteil des in Deutschland und anderen Hochsteuerländern erzielten Gewinns landet dagegen auf den Bermudas und muss dort nicht versteuert werden. Zwar fallen Steuern an, wenn das Geld zurück in die USA transferiert wird. Aber wer lange genug wartet, wird belohnt. Denn alle paar Jahre senkt ein neuer US-Präsident die Unternehmenssteuern oder bietet besonders günstige Konditionen, damit das Geld zurückkommt.

4 Oh wie schön ist Panama – Rechtsanwälte ...

Wie Rechtsanwälte ticken

Wie kommt es dazu, dass sich Rechtsanwälte so verhalten und zum Teil ganz offen gegen den Geist der Gesetze verstoßen? Dazu muss man sich zunächst klar machen, wie Rechtsanwälte ticken.

Rechtsanwälte haben exakt dieselbe Ausbildung wie Richter. Allerdings ist die Zulassung zur Rechtsanwaltschaft nicht begrenzt. Jeder, der das 2. Staatsexamen bestanden hat, kann als Rechtsanwalt tätig werden. Und diese Möglichkeit wird von vielen genutzt. Denn Rechtsanwalt ist ein relativ angenehmer Job. Die Tätigkeit ist körperlich nicht anstrengend. Im Büro ist es immer warm und trocken. Die meisten Nicht-Juristen haben eine gewisse Ehrfurcht vor Rechtsanwälten. Es fühlt sich gut an, wenn sich Mandanten überschwänglich bedanken und glücklich nach Hause gehen. Und Rechtsanwälte genießen viele Freiheiten, zumindest, wenn sie selbständig sind: Es gibt keine festen Arbeitszeiten. Ein Anwalt kann überall eine Kanzlei eröffnen, sogar im eigenen Wohnzimmer. Niemand schreibt vor, in welchem Rechtsgebiet man tätig zu sein hat. Gestern Strafrecht, heute Ehescheidungen und morgen internationale Unternehmenstransaktionen – alles ist möglich. Wichtig ist nur, dass man sich in dem jeweiligen Gebiet auskennt und die aktuelle Rechtsprechung dazu gelesen hat, denn sonst macht man sich schnell schadensersatzpflichtig. Die konkrete Tätigkeit von Rechtsanwälten ist zwar weitgehend unspektakulär, aber man kommt immer wieder mit Menschen und Milieus in Kontakt, auf die man sonst nie treffen würde. Gerade im Strafrecht gibt es faszinierende Mandanten. Zudem kann man als Anwalt ganz gut verdienen, wobei das Einkommen innerhalb der Anwaltschaft sehr gespreizt ist. Tendenziell gilt: Größere Kanzleien machen pro Anwalt mehr Umsatz und Gewinn als kleinere und Unternehmen bringen mehr Geld als Privatpersonen.

Aufgrund des nahezu unkontrollierten Zugangs zur Anwaltschaft und der relativ angenehmen Tätigkeit herrscht an Anwälten kein Mangel. Das hat Konsequenzen: Zum einen arbeiten nicht nur diejenigen als Anwalt, die Recht und Gesetz respektieren und es im Sinne des Gesetzgebers anwenden. Mancher Anwalt fühlt sich vielmehr eher als Aktivist, der seiner Weltanschauung mit allen möglichen rechtlichen Mitteln zum Erfolg verhelfen will. Das kann man immer wieder beobachten, zum Beispiel bei Verfahren mit Bezug zum links- oder rechtsextremistischen Spektrum. Solche Anwälte sind dann natürlich auch bereit, alle möglichen juristischen Tricks zu probieren.

Im Normalfall wollen Rechtsanwälte aber vor allem eins: genügend Geld für ihren angestrebten Lebensstil verdienen. Darin unterscheiden sie sich nicht von anderen Menschen. Für sie ist Rechtsberatung ein ganz normales Geschäft: Zeit gegen Geld. Und am meisten Geld verdient, wer der Kundschaft etwas bietet, das die Konkurrenz so nicht hat. Und das sind vor allem die nicht jedermann bekannten Tricks, mit denen der Mandant Vorteile erhält, die ihm nach dem Willen des Gesetzgebers eigentlich nicht zustehen. Natürlich wissen Rechtsanwälte, dass das von der Öffentlichkeit nicht gutgeheißen wird. Und deshalb rechtfertigen sie ihr Tun dann so:

- „Ich habe meinem Mandanten nur die Rechtslage erklärt. Auf das, was der Mandant dann macht, habe ich keinen Einfluss."
- „Alles was ich getan habe, war legal."
- „Jeder darf die ihm von Gesetzes wegen zustehenden Möglichkeiten nutzen."
- „Jeder hat das Recht auf eine bestmögliche Verteidigung."
- „So sind halt die Gesetze."

Meistens kommen sie damit durch.

Je mehr Geld der Mandant investiert, desto größer die Erfolgschance

Bei all diesen Strategien gilt der Grundsatz: Je mehr Geld der Mandant in seinen Anwalt und den Prozess investiert, desto größer ist seine Chance, zu gewinnen.

Strategien entwickeln kostet Geld Um eine komplexe rechtliche Strategie zu entwickeln, braucht man vor allem Zeit und die richtigen Informationen. Je mehr man sich mit einer Sache beschäftigt, je mehr man den Fall durchdringt, desto größer ist die Chance, eine überzeugende Argumentation zu finden. Dabei spielt auch der Austausch mit Kollegen eine große Rolle. Wer in einer größeren Kanzlei arbeitet oder über ein großes Netzwerk verfügt, erhält leichter Tipps und Anregungen. Manch erfolgreiche Strategie beruht gerade darauf, dass man unterschiedliche Rechtsgebiete oder sogar die Rechtsordnungen unterschiedlicher Länder kombiniert. Das geht am besten, wenn man in einer internationalen Kanzlei tätig ist, die über entsprechende Spezialisten verfügt. Solche Anwälte sind den Richtern und staatlichen Behörden an Wissen und Informationen meist deutlich überlegen. Wer genügend Umsatz macht, kann zudem Zeit in die Erstellung von Aufsätzen für Fachzeitschriften investieren und Doktoranden beschäftigen, die passende Forschungsergebnisse liefern. Damit kann man die herrschende Meinung so beeinflussen, dass sie die erarbeitete Strategie für zulässig und legal ansieht. Doch all das kostet Zeit und Geld. Wirtschaftlich funktioniert das für die beteiligten Rechtsanwälte nur, wenn sie einen hohen Stundensatz abrechnen. Dann kommt schon mal ein Honoraranspruch im sechs- oder siebenstelligen Bereich zusammen. Aber wenn der Mandant dadurch hunderte Millionen Euro an Steuern spart, ist das Geld gut investiert.

Effektive Strategien sind manchmal kostspielig Spielt Geld keine Rolle, wird vieles möglich. Einige Arbeitsrechtsanwälte werben damit, dass sie auch die unkündbaren Arbeitnehmer aus dem Unternehmen bekommen. Hintergrund ist, dass Firmen manche Mitarbeiter aufgrund der gesetzlichen Kündigungsschutzregeln einfach nicht entlassen können, obwohl sie das gerne wollen. Das ist zum Beispiel der Fall, wenn ein seit Jahrzehnten angestellter Mitarbeiter ein hohes Gehalt bezieht, aber nicht mehr so viel leistet. Oder ein renitentes Betriebsratsmitglied. Gesetzlich ist die Sache klar: Die Kündigung ist rechtswidrig. Doch wenn der Arbeitgeber genügend Geld in die Hand nimmt, klappt es trotzdem. Denn nach dem Gesetz ist auch eine rechtswidrige Kündigung wirksam, wenn sie nicht innerhalb von drei Wochen vor dem Arbeitsgericht angegriffen wird. Verpasst der Arbeitnehmer diese Frist, hat er verloren, und sei die Kündigung noch so an den Haaren herbeigezogen. In der Regel wehrt sich der Arbeitnehmer aber. Und dann geht es los: Der Arbeitgeber kündigt nochmal und nochmal und nochmal, immer wieder und in der Hoffnung, dass der Arbeitnehmer wenigstens in einem Fall die Klagefrist versäumt. Klappt das nicht, wird der Arbeitnehmer freigestellt und erhält Hausverbot. Zudem stellt der Arbeitgeber die Gehaltszahlungen ein. Das ist zwar nicht erlaubt und der Arbeitnehmer kann dagegen klagen – aber emotional ist das für die meisten Arbeitnehmer eine enorm belastende Situation. Denn sie müssen ja weiterhin ihren Lebensunterhalt bestreiten. Kommen Raten für das Eigenheim dazu, sind schlaflose Nächte vorprogrammiert. Der psychische Druck steigt weiter, wenn der Arbeitgeber den Arbeitnehmer auf Schadensersatz verklagt und zum Beispiel 100.000 EUR wegen der Beschädigung einer Maschine oder wegen rufschädigenden Verhaltens verlangt. Da braucht juristisch nichts dran zu sein, aber einen normalen Arbeitnehmer, der sein ganzes Leben lang nichts mit Gerichten zu tun hatte, lässt das nicht kalt. Denn man weiß ja nie, wie es vor Gericht ausgeht. Irgendwann gibt deshalb fast jeder Arbeitnehmer auf und schließt einen Vergleich. Der Arbeitgeber muss dann zwar die Prozesskosten übernehmen und das Gehalt samt Zinsen nachzahlen, aber er hat sein Ziel erreicht: Der Mitarbeiter ist weg.

Wer wagt, der klagt Wer genügend finanzielle Mittel hat, kann auch mal etwas riskieren und einen unsicheren Anspruch einklagen. Da die Richter einen großen Entscheidungsspielraum haben, könnte es durchaus sein, dass man gewinnt!

Aber die Richter könnten das verhindern
Kann man dagegen gar nichts machen? Doch! Die Richter könnten in jedem einzelnen Fall verhindern, dass die Rechtsanwälte mit unlauteren Strategien Erfolg haben. Denn auch wenn Rechtsanwälte gerne selbstbewusst und kämpferisch auftreten – letztlich sind sie völlig von den Richtern abhängig. Denn es sind die Richter, die verbindlich entscheiden, wie die Rechtslage in einem konkreten Fall ist. Ein Rechtsanwalt kann noch so überzeugend argumentieren oder einen Vertrag noch so umfassend und vermeintlich rechtssicher gestalten – wenn der zuständige Richter die Sache anders sieht, das Gesetz anders auslegt oder die Überzeugungskraft der Beweismittel anders würdigt, dann kann ein Rechtsanwalt dagegen gar nichts machen. Wenn die Richter wollen, können sie jedem Anwaltstrick einen Riegel vorschieben. Jede noch so kreative juristische Konstruktion kann von einem Richter mit einem einzigen Satz zunichte gemacht werden. Für die ganzen Steuervermeidungsstrategien gibt es dafür sogar eine gesetzliche Regelung. § 42 der Abgabenordnung

(AO) regelt ausdrücklich den Missbrauch von rechtlichen Gestaltungsmöglichkeiten:

1. Durch Missbrauch von Gestaltungsmöglichkeiten des Rechts kann das Steuergesetz nicht umgangen werden. Ist der Tatbestand einer Regelung in einem Einzelsteuergesetz erfüllt, die der Verhinderung von Steuerumgehungen dient, so bestimmen sich die Rechtsfolgen nach jener Vorschrift. Anderenfalls entsteht der Steueranspruch beim Vorliegen eines Missbrauchs im Sinne des Absatzes 2 so, wie er bei einer den wirtschaftlichen Vorgängen angemessenen rechtlichen Gestaltung entsteht.
2. Ein Missbrauch liegt vor, wenn eine unangemessene rechtliche Gestaltung gewählt wird, die beim Steuerpflichtigen oder einem Dritten im Vergleich zu einer angemessenen Gestaltung zu einem gesetzlich nicht vorgesehenen Steuervorteil führt. Dies gilt nicht, wenn der Steuerpflichtige für die gewählte Gestaltung außersteuerliche Gründe nachweist, die nach dem Gesamtbild der Verhältnisse beachtlich sind.

Ein Finanzbeamter oder Richter kann also mit Hilfe von § 42 AO ohne Weiteres juristisch korrekt zu dem Ergebnis kommen, dass beim Share Deal, bei der Übernahme von Porsche und in den Double-Irish-With-A-Dutch-Sandwich-Fällen rechtliche Gestaltungsmöglichkeiten missbraucht wurden und deshalb die üblichen Steuern zu zahlen sind. Natürlich würden die Betroffenen bzw. deren Rechtsanwälte und Berater aufheulen und dagegen klagen. Aber alle Richter bis hinauf zum Bundesfinanzhof, dem Bundesverfassungsgericht und dem Europäischen Gerichtshof könnten diese Auslegung juristisch korrekt bestätigen. Tun sie das nicht, stellt sich die Frage nach dem Warum. Da spielen wieder die subjektiven Motive der Richter eine Rolle. Das ändert aber nichts an der grundlegenden Tatsache: Wenn die Richter wollen, können sie jede unlautere Steuervermeidungsstrategie juristisch korrekt scheitern lassen.Außerhalb des Steuerrechts kommt man durch eine entsprechende Auslegung der Gesetze nahezu immer zu einem vergleichbaren Ergebnis. Das Anpreisen anonymer Briefkastenfirmen könnte als Beihilfe zu den jeweiligen Straftaten geahndet werden. Die Richter könnten ihre Rechtsprechung zur Tateinheit ändern und jeweils mehrere selbständige Taten annehmen. Dann kann auch eine erst später entdeckte Tat noch angemessen bestraft werden. Die Unsitte der Massenabmahnungen ließe sich eindämmen, indem die Richter entscheiden, dass die Beauftragung eines Rechtsanwalts in diesen Fällen nicht erforderlich ist. Die Anwaltskosten sind dann juristisch gesehen kein ersatzfähiger Schaden und müssten vom Abgemahnten nicht ersetzt werden.

Würden die Richter konsequent gegen alle Aktionen der Anwälte, die gegen den Geist der Gesetze verstoßen, vorgehen, würde sich das schnell legen. Doch dazu wird es nicht kommen. Denn selbst wenn alle Richter ihre Entscheidungen frei von subjektiven Motiven träfen, könnten sie in rechtlichen und tatsächlichen Fragen zu unterschiedlichen und widersprüchlichen Ergebnissen kommen. Denn in der Realität herrscht nie absolute Einigkeit, was noch legitim ist und wo man eine Grenze setzen muss. Es besteht immer eine gewisse Chance, mit Gesetzeslücken und unfairen Tricks zu gewinnen. Und deshalb werden sich nie alle Rechtsanwälte und Mandanten von diesem Weg abhalten lassen. Hinzu kommt, dass man einen Richter nicht nur mit juristischen Argumenten überzeugen kann. So mancher Prozess wird schon dadurch gewonnen, dass der Anwalt geschickt die subjektiven Motive des Richters ausnutzt oder indem er die im nächsten Kapitel dargestellten unbewusst wirkenden Schlüsselreize aktiviert.

5

Warum befolgen wir Gesetze? – Das Wunder des Rechts

> **Übersicht**
>
> Theoretisch beruhen in einer Demokratie alle Gesetze auf dem Willen des Volkes. Wir befolgen die Gesetze deshalb freiwillig. Praktisch halten sich die meisten Menschen entweder unbewusst an die Gesetze oder aus Angst, bestraft zu werden. Im Einzelfall kann es deshalb vernünftig sein, bewusst zu überlegen und ein Gesetz auch mal zu übertreten.

Kleine Theorie des Gesetzesgehorsams

Sinn und Zweck von Gesetzen ist es, das menschliche Zusammenleben sicher und friedlich zu organisieren. Im Laufe der Evolution war es überlebensnotwendig, dass Menschen in Gruppen zusammenlebten. Das funktionierte aber nur dann, wenn sich alle an gewisse Regeln hielten. Quertreiber wurden ausgeschlossen und das bedeutete damals den sicheren Tod. Deshalb haben sich die Gene durchgesetzt, die dafür sorgen, dass ihre Träger die Regeln der Bezugsgruppe schnell erlernen und befolgen. Das ist bis heute so. Jede menschliche Gesellschaft braucht Regeln und hat Regeln. Allerdings schränken Gesetze unsere individuelle Handlungsfreiheit zum Teil ganz erheblich ein. Gesetzesgehorsam ist deshalb nicht selbstverständlich. Die spannende Frage ist also: Wie bringt man Menschen dazu, Gesetze zu befolgen?

Zwang Im Prinzip gibt es nur zwei Möglichkeiten, Menschen zu einem bestimmten Verhalten zu bringen: Entweder man zwingt sie mit Gewalt oder sie gehorchen freiwillig. Zwang hat den Vorteil, dass es sicher funktioniert – wenn man stärker ist. Allerdings bindet Zwang auf Dauer relativ viele Ressourcen. Polizisten müssen ausgebildet und bezahlt werden, Gefängnisse kosten und auch die betroffenen Bürger sind von übermäßiger staatlicher Gewaltausübung nicht sonderlich begeistert. Aus Sicht des Gesetzgebers ist es deshalb unerlässlich, dass die Mehrheit der Bürger die Gesetze freiwillig befolgt (wobei freiwillig nicht bedeutet, dass sie es gerne machen). Dazu kann man auf einer bewussten oder auf einer unbewussten Ebene ansetzen.

Angst vor Strafe Auf einer bewussten Ebene überzeugt man Menschen, indem man sie mit rationalen Argumenten glauben macht, dass die Befolgung der Gesetze für sie die bestmögliche Entscheidung ist – gemessen an ihren subjektiven Werten, Vorlieben, Überzeugungen und Glaubenssätzen. Das stärkste und wirksamste Argument ist dabei das Androhen von Nachteilen: Wer die Gesetze nicht befolgt, wird bestraft! Sei es durch den Verlust von Leben, Freiheit, Gesundheit, Geld, Eigentum oder Vermögen, den Entzug von Privilegien oder des Arbeitsplatzes, den Abbruch der sozialen Beziehungen oder den Ausschluss aus der Gruppe.

5 Warum befolgen wir Gesetze? – Das Wunder ...

Damit das Androhen von Sanktionen funktioniert, muss der Bürger die angedrohte Strafe als ein so schweres Übel empfinden, dass sie die Vorteile der Missachtung der Norm überwiegt. Zudem muss er glauben, dass die Sanktionen auch tatsächlich eintreten werden. Der Gesetzgeber muss deshalb ab und zu öffentlichkeitswirksam beweisen, dass er dazu in der Lage ist, zum Beispiel durch Polizeieinsätze bei Demonstrationen oder, wenn Sondereinsatzkommandos in spektakulären Aktionen eine Geiselnahme beenden oder zur Fahndung ausgeschriebene Gesetzesübertreter verhaften.

Auch bei uns setzen die gewählten Politiker auf die abschreckende Wirkung von Sanktionen. Für die als besonders schlimm angesehenen Gesetzesverstöße droht eine Gefängnisstrafe. Die wichtigsten verbotenen Verhaltensweisen sind im Strafgesetzbuch zusammengefasst. Doch bereits vor einem konkreten Gesetzesverstoß kann man Ziel staatlicher Zwangsmaßnahmen werden. So darf die Polizei potenzielle Straftäter im Rahmen der Gefahrenabwehr schon dann festnehmen oder unschädlich machen, wenn sie noch gar nicht gegen ein Gesetz verstoßen haben, es aus Sicht der Polizei aber sehr wahrscheinlich tun werden. Das extremste Beispiel dafür ist der sogenannte finale Rettungsschuss, also die Tötung eines Geiselnehmers oder Terroristen, um das Leben Unschuldiger zu retten. Dank der ca. 190.000 Soldaten und der mehr als 260.000 Polizisten sind die den Staat repräsentierenden Politiker in der Lage, die von ihnen angedrohten Sanktionen auch tatsächlich durchzusetzen. Im normalen Alltag bemerkt man davon zwar nur selten etwas. Wer sich brav an alle Regeln hält und seine Steuern bezahlt, wird die gewalttätige Seite der Sicherheitskräfte in aller Regel nie am eigenen Leib erfahren. Aber dass es auch anders geht, daran wird man durch Berichte in den Medien immer wieder mal erinnert. Für die Menschen in Deutschland ist es daher sinnvoll, die angedrohten Sanktionen Ernst zu nehmen. Und da die angedrohten Strafen (insbesondere Gefängnis) für die meisten Menschen als starke Übel empfunden werden, befolgen sie häufig schon deshalb freiwillig das Grundgesetz und die anderen staatlichen Gesetze.

Der Glaube an die Verfassung Allerdings bricht eine nur auf Angst und Schrecken gestützte Herrschaft schnell zusammen, sobald die Angst der Menschen schwindet. Ein cleverer Gesetzgeber versucht deshalb, seine Bürger davon zu überzeugen, dass es gut und richtig ist, die von ihm gemachten Gesetze zu befolgen. Am einfachsten geht das heutzutage mit dem Argument: „Das Gesetz ist nach dem in der Verfassung vorgesehenen Verfahren zustande gekommen und wurde bislang weder aufgehoben noch für verfassungswidrig erklärt. Deshalb muss man es befolgen." Für die meisten Menschen erscheint das logisch. Doch wie bringt man die Menschen dazu, eine bestimmte Verfassung als verbindlich anzuerkennen? Dazu wurden im Lauf der Geschichte schon viele Theorien entwickelt.

Lange wurde mit irgendwelchen Besonderheiten des Gesetzgebers argumentiert. Ursprünglich wurde sogar behauptet, Gott selbst sei der Gesetzgeber. Später wurden die Herrscher dann nur noch als von Gott eingesetzte Stellvertreter betrachtet. In weniger religiösen Gesellschaften wurde verkündet, der Herrscher verfüge über besonders wichtige Fähigkeiten, zum Beispiel als Feldherr.

Andere Theorien argumentieren mit dem Inhalt der Verfassung. Entweder religiös: Die Verfassung ist verbindlich, weil sie die Normen des göttlichen Gesetzes und der natürlichen Ordnung, in der sich das göttliche Gesetz spiegelt, verwirklicht. Oder scheinbar rational: Die Verfassung entspricht der Natur des Menschen, der Vernunft oder den allgemeinen Menschenrechten. Oder die Verfassung ist besonders gerecht und gewährleistet das größtmögliche Glück für die größtmögliche Zahl an Menschen.

5 Warum befolgen wir Gesetze? – Das Wunder ...

Gerne wird auch behauptet, dass die Bürger schon deshalb an die Verfassung gebunden seien, weil sie dieser selbst zugestimmt hätten. Eine gewisse Logik hatte das noch im antiken Athen. Dort wurde das Bürgerrecht nämlich nicht automatisch erworben, sondern nur auf Antrag. Dieses Prozedere konnte man durchaus so interpretieren, dass sich der Bürger vertraglich verpflichtete, die Gesetze des Staates zu befolgen. Aus genau diesem Grund weigerte sich Sokrates aus dem Gefängnis zu fliehen, nachdem er in einem Schauprozess zum Tode verurteilt worden war. Pacta sunt servanda – Verträge muss man erfüllen, auch wenn es weh tut. Später wurde der sogenannte Gesellschaftsvertrag aber nur noch als hypothetischer Vertragsschluss betrachtet. Nach Thomas Hobbes sollten vernünftige Untertanen in einen Herrschaftsvertrag einwilligen, auf dass der Herrscher den Naturzustand mit dem Krieg aller gegen alle beende und eine geordnete Gesellschaft entstehe. Seit dem 18. Jahrhundert wird vor allem damit argumentiert, dass die Menschen grundsätzlich frei und gleich sind, und deshalb niemand über einen anderen herrschen darf – es sei denn, dieser hat freiwillig zugestimmt. Eine Verfassung ist danach verbindlich, wenn und weil sie auf dem Willen des Volkes beruht („Lehre von der verfassunggebenden Gewalt des Volkes"). Wie das Volk seinen verfassunggebenden Willen kund tut, war ursprünglich egal. Heutzutage wird aber immer verlangt, dass die Verfassung unter direkter Beteiligung der Bürger in einem demokratischen Verfahren beschlossen wird. Das kann durch eine Volksabstimmung geschehen oder indem die Bürger die Mitglieder einer verfassunggebenden Versammlung wählen, die dann die Verfassung erarbeiten und beschließen.

Wir haben also ein ganzes Sammelsurium an Behauptungen und Ideen, die scheinbar nichts miteinander zu tun haben. Das kommt daher, dass all diese

Theorien gar nicht das Ziel haben, rational und wissenschaftlich zu erklären, warum die Menschen eine Verfassung befolgen. Es geht in erster Linie darum, den Menschen eine Begründung zu liefern, warum sie die nach der jeweiligen Theorie legitime Verfassung befolgen sollen. Eine neue Theorie wird daher immer dann entwickelt, wenn jemand eine neue Verfassung in Kraft setzen will, die nach der bisher vorherrschenden Theorie nicht verbindlich ist, weil sie deren Voraussetzungen offensichtlich nicht erfüllt. Das war sogar bei der besten Verfassung so, die es bislang in Deutschland gab. Denn obwohl sich das 1949 in Kraft getretene Grundgesetz in seiner Präambel ausdrücklich auf die verfassunggebende Gewalt des deutschen Volkes beruft, erfüllt es nicht die Kriterien, die die Lehre von der verfassunggebenden Gewalt an das Zustandekommen einer Verfassung stellt. Denn die Bürger waren an der Schaffung des Grundgesetzes nicht beteiligt. Es gab weder eine Volksabstimmung, noch wurde eine verfassunggebende Versammlung gewählt.

Dieses vermeintliche Legitimationsdefizit wurde von vielen Rechtsgelehrten lange als sogenannter Geburtsmakel des Grundgesetzes kritisiert. Da der Widerspruch zur damals wie heute vorherrschenden Lehre von der verfassunggebenden Gewalt des Volkes offenkundig war, blieb nur ein Weg: Eine neue Theorie musste her. Die führenden Juristen und Politiker behaupteten nun einhellig, dass es völlig egal wäre, wie das Grundgesetz entstanden sei. Die Deutschen hätten implizit durch „tätige Annahme" zum Ausdruck gebracht, dass sie das Grundgesetz als ihre Verfassung wollten. Es habe nie größere Proteste gegeben, die Menschen hätten sich an die vom Grundgesetz geschaffene Rechtsordnung gehalten und bei den Bundestagswahlen mit großer Mehrheit immer solche Parteien gewählt, die auf dem Boden des Grundgesetzes standen. Das klingt zwar durchaus plausibel, ändert aber

5 Warum befolgen wir Gesetze? – Das Wunder ...

nichts daran, dass die Anforderungen der Lehre von der verfassunggebenden Gewalt des Volkes nicht erfüllt sind.

Letztlich kommt es darauf aber gar nicht an. Denn all die Theorien zur Verbindlichkeit einer Verfassung eignen sich zwar für gelehrte Dispute unter Geisteswissenschaftlern, doch die wenigsten Menschen haben je davon gehört. Zudem ist keine dieser Theorien wirklich überzeugend. Denn wer glaubt heute noch, dass der Gesetzgeber über eine besondere Nähe zu Gott oder über sonstige besondere Fähigkeiten verfügt? Seit Jahrhunderten wurde kein Mensch mehr gefragt, ob er einen Gesellschaftsvertrag abschließen will. Die Staatsbürgerschaft mit all ihren Rechten und Pflichten erhält man automatisch mit der Geburt. Nicht einmal das demokratische Verfahren ist ohne Widersprüche: Warum soll der Wille der Mehrheit auch die Minderheit binden? Und was ist mit denen, die erst nach der Abstimmung geboren werden? Warum sollen sie an eine Entscheidung gebunden sein, die von Menschen getroffen wurde, die jetzt schon alle tot sind? Genauso ist es Ansichtssache, ob der Inhalt der Verfassung wirklich der bestmögliche ist oder ob gerade diese Verfassung das Glück der Bürger maximiert. Am Ende des Tages zählen deshalb nicht abstrakte Theorien, sondern die Angst vor Sanktionen und unbewusst wirkende Schlüsselreize.

Unbewusste Faktoren In den meisten Fällen befolgen Menschen die Gesetze völlig unbewusst. Das sieht man schon daran, dass viele Menschen den konkreten Inhalt der Gesetze gar nicht kennen. Oder haben Sie das Grundgesetz komplett gelesen? Das Strafgesetzbuch? Das Bürgerliche Gesetzbuch? Und trotzdem verhalten sich die meisten Menschen so, wie es diese Gesetze vorschreiben. Das beruht zum Großteil auf evolutionär bedingten Signalen, die bei ihrer Wahrnehmung beim Empfänger automatisch ein bestimmtes Verhalten auslösen. Diese Schlüsselreize führten im Laufe der Evolution meistens zu einer guten Entscheidung, denn sonst wären sie wieder verschwunden. Der amerikanische Psychologe Robert B. Cialdini hat im Zusammenhang mit der Beeinflussung von Menschen sechs solcher unbewusst wirkenden Signale ausgemacht[1].

- Der Schlüsselreiz **Autorität** läuft ab, wenn man glaubt, es mit einer in der Hierarchie höher stehenden Person zu tun zu haben. Dann ist man meistens bereit, deren Anweisungen zu folgen. Anzeichen für Autorität sind beispielsweise wichtige Titel, teure Kleidung, ein Leben in Luxus oder eine stattliche Körpergröße. Die starke Wirkung von Autorität beruht darauf, dass es normalerweise unmittelbar negative Folgen hat, wenn man sich ihr widersetzt. Die Autorität verfügt nämlich zumeist über besseren Zugang zu Wissen und Macht als man selbst. Ihre Anweisungen sind daher oft vorteilhaft und sie kann belohnen oder bestrafen. Schon durch unsere Eltern erfahren wir, dass es wichtig und richtig ist, Regeln zu befolgen. Märchen und Filme lehren uns, dass am Ende immer die Guten gewinnen und das sind die, die sich an Recht und Gesetz halten. In der Schule lernt man, dass die gewählten Politiker die für alle verbindlichen Gesetze machen dürfen. Und über die Medien erfahren wir, dass Gesetzesübertreter hart bestraft werden. Ergänzend tun Politiker ihrerseits alles, um als Autoritäten wahrgenommen zu werden. Das zeigt sich an wichtig klingenden Amtsbezeichnungen wie Bundeskanzler, Staatssekretär oder Präsident, aber auch an repräsentativen Regierungsgebäuden, luxuriösen Dienstwagen,

---

[1]Cialdini, Robert B.: Die Psychologie des Überzeugens: Wie Sie sich selbst und Ihren Mitmenschen auf die Schliche kommen, 8. Auflage 2017.

gefährlich wirkenden Personenschützern und feierlichen Staatsakten. Zudem versuchen Politiker, sich in der Öffentlichkeit als kompetente Experten darzustellen oder sie berufen sich zumindest auf die Aussagen anerkannter Wissenschaftler.

- Der Schlüsselreiz **soziale Bewährtheit** wirkt, sobald man sieht, wie sich andere Menschen in der gleichen Situation verhalten. Je öfter man bei anderen ein Verhalten beobachtet, umso mehr nimmt man es als richtig wahr und verhält sich selbst so. Besonders stark wirkt dieser Schlüsselreiz, wenn man selbst unsicher ist oder die Situation unklar oder mehrdeutig ist. Am stärksten wirkt er, wenn wir das Verhalten von Leuten beobachten, die so sind wie wir selbst. Da kaum jemand die Gesetze tatsächlich kennt, verhalten sich die meisten Menschen einfach so, wie sie es bei den anderen sehen. Und die Eltern, Freunde und Bekannten der meisten Menschen befolgen nun einmal die von den Politikern gemachten Gesetze (oder tun zumindest so).
- Der Schlüsselreiz **Konsistenz** wirkt, sobald man eine Entscheidung getroffen oder eine Position vertreten hat. Dann neigt man dazu, sich so zu verhalten, dass es keinen Widerspruch zu dem früheren Verhalten gibt. Inkonsistenz wird in der Regel als negatives Persönlichkeitsmerkmal betrachtet. Darauf basieren Argumente wie: „Wer die Vorteile der Gesellschaft in Anspruch nimmt, muss sich auch an ihre Regeln halten" oder „Wenn es Dir hier nicht passt, denn geh doch nach drüben".
- Der Schlüsselreiz **Sympathie** wirkt, wenn man für eine Person positive Gefühle empfindet. Menschen neigen dann dazu, das zu tun, was diese von ihnen geschätzte Person will. In der Regel findet man Menschen dann sympathisch, wenn sie äußerlich attraktiv sind, wenn sie einem in irgendeiner Weise ähnlich sind, wenn sie einem Komplimente machen, wenn sie mit einem für

dasselbe Ziel arbeiten oder wenn man sie mit einem für sich wichtigen Wert wie Erfolg, Reichtum oder Macht assoziiert. Deshalb behaupten alle Politiker, für das Wohl der Menschen zu kämpfen und mit ihnen für ein gemeinsames Ziel zu arbeiten. Sie umgeben sich mit Kindern und erfolgreichen Stars und sitzen beim WM-Finale medienwirksam auf der Tribüne. Und natürlich arbeiten Politiker auch an ihrer körperlichen Attraktivität und setzen diese auf Wahlplakaten manchmal sogar gezielt ein.

Der Schlüsselreiz **Reziprozität** läuft ab, sobald man glaubt, dass einem jemand einen Gefallen getan hat. Dann verspüren die meisten Menschen das Bedürfnis, dem anderen ebenfalls einen gleichwertigen Gefallen zu tun. Das wirkt sogar bei ungebetenen Gefälligkeiten. Politiker betonen deshalb oft, was sie und der Staat schon alles zum Wohl der Menschen gemacht haben.

Der Schlüsselreiz **Knappheit** läuft ab, wenn man glaubt, mit anderen Menschen um knappe Ressourcen konkurrieren zu müssen oder dass man bereits erreichte Vorteile verlieren könnte. Eine Möglichkeit erscheint dann umso wertvoller, je weniger erreichbar sie ist. Hintergrund ist die praktische Erfahrung, dass Dinge, die nur schwer zu bekommen sind, in der Regel besser sind als solche, derer man leicht habhaft wird. Politiker mahnen zum Beispiel, dass der Rechtsstaat „auf der Kippe" steht, die Renten in Zukunft nicht mehr sicher sind oder es zur Klimakatastrophe kommt, wenn die Bürger ein bestimmtes Gesetz ablehnen. In die gleiche Richtung geht es, wenn umstrittene Gesetze als „alternativlos" oder als „Frage von Krieg und Frieden" bezeichnet werden. Stets wird unbewusst die Botschaft übermittelt: Wer das Gesetz nicht befolgt, ist schuld daran, wenn es später zur Apokalypse kommt.

Soll man sich immer an die Gesetze halten?

Gesetzgeber setzen in der Realität regelmäßig auf eine Kombination dieser Strategien. Und das funktioniert auch ziemlich gut, jedenfalls dann, wenn die angedrohten Sanktionen glaubhaft sind und tatsächlich durchgesetzt werden können. Aber ist es wirklich sinnvoll, immer alle Gesetze zu befolgen? Die sogenannten Rechtspositivisten mit Immanuel Kant an der Spitze meinen: „Jawohl!" Begründung: Nur in einem gesicherten rechtlichen Zustand kann jedem das Seine verlässlich zugeteilt werden. Dagegen ist jeder Widerstand gegen ein Gesetz ein Schritt zurück in Richtung des grausamen Naturzustands. Diese Gesetzeshörigkeit war schon immer umstritten und ist spätestens seit den Erfahrungen des Nationalsozialismus nicht mehr wirklich populär.

Schon seit der Antike gilt die Übertretung von Gesetzen in manchen Situationen sogar ausdrücklich als legitim und richtig. Ein solches Widerstandsrecht gegen staatliche Gesetze wird zum Beispiel dann bejaht, wenn ein Tyrann die Herrschaft gewaltsam usurpiert hat (Thomas von Aquin) oder wenn die Obrigkeit Gottes Gesetze missachtet (Huldrych Zwingli, Johannes Calvin). Nach John Locke haben die Bürger ein natürliches Selbstverteidigungsrecht, wenn die Regierung durch rechtswidrige Angriffe auf Freiheit, Leben und Eigentum des Volkes den Gesellschaftsvertrag bricht. Thomas Hobbes behauptet, die Staatsbürger müssten dem Souverän nur so lange gehorchen, wie dieser in der Lage ist, ihnen ein Mindestmaß an Sicherheit zu garantieren. Der ehemalige evangelische Bischof Wolfgang Huber hält gewaltsamen Widerstand für legitim, wenn die Obrigkeit den Bürgern beharrlich Schaden zufügt, zum Beispiel indem staatliche Organe die Grund- und Menschenrechte, die elementaren Forderungen politischer Gerechtigkeit und die demokratischen Verfahren immer wieder missachten. Und Henry David Thoreau fordert: „Wenn … das Gesetz so beschaffen ist, dass es notwendigerweise aus dir den Arm des Unrechts an einem anderen macht, dann brich das Gesetz." Bekannt ist auch die sogenannte Radbruch'sche Formel des Rechtsphilosophen Gustav Radbruch, wonach ein Gesetz dann nicht beachtet werden muss, wenn es unerträglich ungerecht ist oder wenn es die Gleichheit, die den Kern der Gerechtigkeit ausmacht, bewusst verleugnet und damit nicht einmal Gerechtigkeit erstrebt wird. Und seit 1968 ist in Art. 20 Abs. 4 GG sogar ausdrücklich ein Widerstandsrecht verankert:

> Gegen jeden, der es unternimmt, diese Ordnung zu beseitigen, haben alle Deutschen das Recht zum Widerstand, wenn andere Abhilfe nicht möglich ist.

So gut das alles in der Theorie klingt: In der Praxis wurden das Widerstandsrecht und die Radbruch'sche Formel bislang immer nur nachträglich auf bereits nicht mehr wirksame Gesetze untergegangener Regime angewendet. So haben sich die Richter am Bundesgerichtshof und am Bundesverfassungsgericht mehrmals auf die Grundsätze der Radbruch'schen Formel berufen und Gesetze für unbeachtlich erklärt, zum Beispiel den sogenannten Katastrophenbefehl vom März 1945, der es jedem Waffenträger zur Pflicht gemacht hat, jeden Deserteur auch ohne Standgerichtsverfahren zu erschießen[2], oder die 11. Verordnung zum Reichsbürgergesetz vom 25. November 1941, der zufolge Juden ihre deutsche Staatsangehörigkeit verloren, wenn sie ihren gewöhnlichen Aufenthalt im Ausland hatten[3]. Nach der Wiedervereinigung entschieden die

---

[2] BGH, 12.07.1951, III ZR 168/50, Rn. 26, zitiert nach juris.de.
[3] BVerfG, 14.02.1968, 2 BvR 557/62.

5 Warum befolgen wir Gesetze? – Das Wunder ...

Richter am Bundesgerichtshof, dass ein Gesetz unwirksam ist, das die vorsätzliche Tötung unbewaffneter Flüchtlinge gestattet, um das Verbot, die DDR zu verlassen, durchzusetzen[4]. Die DDR-Grenzsoldaten konnten sich im Rahmen der Mauerschützenprozesse deshalb nicht zur Rechtfertigung auf ihre Befehle berufen, sondern wurden wegen Totschlag verurteilt.

Innerhalb einer bestehenden Rechtsordnung hat man dagegen mit der Berufung auf ein Widerstandsrecht oder auf die Radbruch'sche Formel meistens kein Glück. Denn ein staatlicher Richter, der urteilt, dass eine Gesetzesübertretung durch das Widerstandsrecht gerechtfertigt ist, würde sich in einer kaum zu überbietenden Art und Weise gegen die herrschenden Politiker stellen – und das würde mit Sicherheit zu entsprechenden negativen Konsequenzen für ihn führen.

Praktisch relevant ist deshalb nur der kleine Bruder des Widerstandsrechts, der sogenannte zivile Ungehorsam. Ziviler Ungehorsam bedeutet, dass man bewusst gegen ein als ungerecht empfundenes Gesetz verstößt oder dass man ein Gesetz verletzt, um damit symbolisch auf die Ungerechtigkeit anderer Gesetze hinzuweisen. Ziviler Ungehorsam soll uneigennützig, moralisch begründet und öffentlich sein und nicht um eines persönlichen Vorteils willen ausgeübt werden. Deshalb soll man auch die für die Missachtung des Gesetzes vorgesehene Bestrafung hinnehmen. Die bekanntesten Beispiele für zivilen Widerstand sind Mahatma Gandhi und Rosa Parks. Gandhi hob 1930 nach einem 24-tägigen Marsch am Strand einige Salzkörner auf und brach dadurch symbolisch das Salzmonopol der britischen Kolonialmacht. Rosa Parks weigerte sich am 01.12.1955 in Montgomery (Alabama),

---

[4]BGH, 20.03.1995, 5 StR 111/94, Rn. 19, zitiert nach juris.de.

ihren Sitzplatz im Bus für einen Weißen freizumachen. Beide waren mit ihrem gewaltlosen Ungehorsam extrem erfolgreich. Am Ende erlangte Indien die Unabhängigkeit und in den USA wurde die Rassentrennung aufgehoben.

Das zeigt, dass absoluter Gesetzesgehorsam nicht immer die beste Strategie ist. Manchmal kann es durchaus vernünftig sein, eine rationale Kosten-Nutzen-Analyse anzustellen und zu überlegen, ob die voraussichtlichen Vorteile der Missachtung eines Gesetzes die möglicherweise drohenden Sanktionen überwiegen. Die Frage ist nur, wo man die Grenze zieht:

A „Eine Kosten-Nutzen-Analyse sollte man jedenfalls dann machen, wenn die Folgen für einen selbst gravierend sind. Denn manche Gesetze sind einfach unfair, diskriminierend oder schädlich."

B „Mag sein. Aber was befähigt ausgerechnet Dich, das zu beurteilen?"

A „Wer sollte es sonst tun? Die Abgeordneten im Bundestag sind auch nicht unbedingt intelligenter oder klüger. Schau Dir doch mal die Politiker und deren Lebensläufe an."

B „Aber jeder bewusste Gesetzesbruch ist es ein Schritt zurück ins Chaos."

A „Das glaube ich nicht. Bereits jetzt gibt es Tag für Tag unzählige Gesetzesverstöße. Und trotzdem läuft der Laden."

B „Gesetzesbrecher werden ja auch bestraft!"

A „Aber doch nicht alle. Denk nur an die vielen unbeobachteten Verkehrsverstöße, all die nicht angezeigten Beleidigungen, Nötigungen und Körperverletzungen. Die unentdeckten Steuerhinterzieher."

B „Aber wenn das alle machen, bricht die Rechtsordnung zusammen."

A „Klar, man sollte es nicht übertreiben. Und man sollte nicht damit in der Öffentlichkeit angeben."

B „Vielleicht wäre die Welt ein sehr viel besserer Ort, wenn alle gesetzestreu sind?"

5 Warum befolgen wir Gesetze? – Das Wunder …

A „Dann müsste man aber im Ernstfall auf Befehl eines Politikers in den Krieg ziehen, sein Leben riskieren und Menschen töten, die einem nichts getan haben. Wofür?"

B „Um Dein Land und Deine Familie zu beschützen!"

A „Glaubst Du wirklich, die Familien der deutschen Soldaten hätten im und nach dem 2. Weltkrieg mehr Leid, Vertreibung und Tod erlitten, wenn die Wehrmacht nicht nach Osten marschiert wäre?"

B „Das war ja auch ein Angriffskrieg. Bei reiner Selbstverteidigung sieht das doch ganz anders aus. Wer sich nicht wehrt, gilt als einfaches Opfer und wird überfallen oder ausgenutzt."

A „Vielleicht. Aber das spricht trotzdem nicht dagegen, im Einzelfall erst mal rational abzuwägen, ob man gehorcht. Denn im Krieg geht es vor allem denen an den Kragen, die die Befehle ausführen. Die werden verstümmelt, zerbombt und sterben, ganz gleich, ob sie angreifen oder verteidigen. Dagegen sind die Generäle und Politiker stets weit von der Front entfernt. Nein! Darüber, ob ich mein Leben in Gefahr bringe, lasse ich keinen anderen Menschen entscheiden."

B „Dann würdest Du lieber in Unfreiheit und Knechtschaft leben?"

A „Das kommt darauf an. Aber auf keinen Fall würde ich mein Leben oder meine Gesundheit einfach so und ohne Nachzudenken riskieren, nur um ein bestimmtes politisches System und seine Repräsentanten an der Macht zu halten. Vielleicht sind die potenziellen neuen Machthaber ja auch gar nicht so schlimm?"

B „Und wenn sie dein Volk ausrotten wollen?"

A „Gut möglich, dass ich dann kämpfen würde. Aber das wäre meine eigene Entscheidung, die ich aufgrund einer rationalen Kosten-Nutzen-Analyse treffe."

6

Auf einem Auge blind? – Die überforderte Verwaltung

> **Übersicht**
>
> Theoretisch sind wir gegenüber den Behörden ehrlich, wenn nicht aus Überzeugung, dann jedenfalls aus Angst vor Sanktionen. Im Gegenzug handelt die Verwaltung neutral und ohne Ansehen der Person und ahndet Missachtungen des Gesetzes konsequent. Praktisch sind die Behörden weder willens noch in der Lage, jeden Gesetzesverstoß zu erkennen oder zu verhindern. Wer es darauf anlegt, kann die Verwaltung austricksen oder gezielt beeinflussen und sich dadurch unlautere Vorteile verschaffen.

Behörden haben oft Ermessen

Gesetze müssen mit Leben erfüllt werden. Das ist die Aufgabe unzähliger Damen und Herren in der Verwaltung. Sie genehmigen Anträge, stellen amtliche Dokumente aus und sorgen dafür, dass der Staat in jedem Bereich seine Aufgaben erfüllt. In der Regel sind sie dabei zuvorkommend, freundlich und hilfsbereit. Deshalb mein Tipp:

> Wenn Sie etwas von einer Behörde wollen, dann machen Sie es den Mitarbeitern möglichst einfach. Formulieren Sie Ihr Anliegen so, dass es ohne weitere Nachfragen bewilligt werden kann.

Verkomplizieren Sie die Sache nicht durch offensichtliche Widersprüche oder irrelevante Zusatzinformationen. Beamte arbeiten meistens mit einem Prüfungsschema und sind dankbar, wenn sie einfach nur hinter jeden vom Gesetz geforderten Punkt einen Haken setzen können. Wer es der Verwaltung leicht macht, wird belohnt! Deshalb ist es auch sinnvoll, bei komplexen Sachen einen Rechtsanwalt zu beauftragen. Denn der kann den Antrag behördenmundgerecht formulieren und das vergrößert die Erfolgsaussicht enorm.

Bei der Anwendung der Gesetze haben die Behördenmitarbeiter häufig einen Ermessensspielraum. Das bedeutet: Wenn die Tatbestandsmerkmale eines Gesetzes erfüllt sind, ist die konkrete Rechtsfolge nicht strikt vorgegeben, sondern der zuständige Sachbearbeiter kann unter mehreren möglichen Handlungsoptionen wählen. Etwas anderes gilt nur dann, wenn das Ermessen ausnahmsweise auf null reduziert ist. Das setzt voraus, dass aufgrund der konkreten Umstände nur eine einzige Entscheidungsmöglichkeit rechtmäßig ist. Dann muss die Behörde genau diese Entscheidung zu treffen.

Mit dem Ermessen überträgt der Gesetzgeber die Verantwortung auf die mit der Materie vertraute Behörde. Sie soll die Entscheidung treffen, die den besonderen Umständen des Einzelfalls am besten gerecht wird. Doch

6 Auf einem Auge blind? – Die überforderte ...

wie macht sie das? In § 40 des Verwaltungsverfahrensgesetzes (VwVfG) heißt es dazu:

> Ist die Behörde ermächtigt, nach ihrem Ermessen zu handeln, hat sie ihr Ermessen entsprechend dem Zweck der Ermächtigung auszuüben und die gesetzlichen Grenzen des Ermessens einzuhalten.

Das sind wiederum sehr abstrakte Begriffe. Trotzdem gibt es keine weiteren konkreten Vorgaben, wie der Entscheider bei der Ausübung des Ermessens vorgehen muss. Dabei stellen sich dieselben Fragen wie bei der Auslegung eines Gesetzes: Welche Argumente und Umstände müssen bei der Ausübung des Ermessens im Einzelnen berücksichtigt werden? Wie sind die jeweiligen Argumente zu gewichten? Wonach richtet sich die Auswahl der konkreten Rechtsfolge? Die Ermessensentscheidung muss zwar begründet werden, doch nach herrschender Meinung ist sie nur eingeschränkt gerichtlich überprüfbar und nur dann rechtswidrig, wenn einer der sogenannten Ermessensfehler vorliegt:

- Ermessensausfall: Die Behörde übt das ihr zustehende Ermessen gar nicht aus.
- Ermessensüberschreitung: Die Behörde wählt eine Rechtsfolge, die nach dem Gesetz nicht zulässig ist.
- Ermessensfehlgebrauch: Die Behörde stützt ihre Ermessensentscheidung auf fehlerhafte Gründe oder sachfremde Erwägungen, verstößt gegen Denkgesetze, gewichtet bestimmte Umstände völlig falsch oder weicht ohne ausreichenden Grund von ermessensregelnden Verwaltungsvorschriften oder ihrer vorausgegangenen ständigen Praxis ab.

Im Rahmen der Ermessensausübung lassen sich deshalb in der Regel immer unterschiedliche Rechtsfolgen ermessensfehlerfrei begründen – selbst dann, wenn die Entscheider neutral und ohne Ansehen der Person handeln oder wenn es um Leben und Tod geht.

Im Februar 1975 wurde der damalige Berliner CDU-Chef Peter Lorenz von Mitgliedern der linken Terrorgruppe „Bewegung 2. Juni" entführt. Die Entführer verlangten die Freilassung und Ausreise von mehreren inhaftierten Terroristen. Die Bundesregierung unter Kanzler Helmut Schmidt gab nach. Alle Gefangenen – mit Ausnahme von Horst Mahler, der den Austausch ablehnte –, wurden in den Südjemen ausgeflogen. Am nächsten Tag war Peter Lorenz wieder frei. Niemand behauptete, dass Helmut Schmidt mit dieser Entscheidung einen Ermessensfehler begangen hätte – obwohl er natürlich genauso gut ermessensfehlerfrei hätte entscheiden können, dass die Forderungen der Entführer nicht erfüllt werden, damit sich der Staat nicht erpressbar macht. Diese Option wählte er erst im September 1977 bei der Entführung des damaligen Arbeitgeberpräsidenten Hanns Martin Schleyer durch Terroristen der RAF. Die Entführer forderten von der Bundesregierung und dem Bundeskriminalamt elf in Haft einsitzende Terroristen freizulassen und ihnen die Ausreise aus der Bundesrepublik Deutschland zu gestatten. Als die Bundesregierung ihr Ermessen dahin gehend ausübte, die Forderung der Entführer nicht zu erfüllen, zog der Sohn von Hanns Martin Schleyer vors Bundesverfassungsgericht. Doch die Richter am Bundesverfassungsgericht entschieden, dass kein Ermessensfehler vorlag und lehnten den Erlass der beantragten einstweiligen Verfügung ab[1]. Das hätte man mit guten juristischen Gründen auch anders

---

[1] BVerfG, 16.10.1977, 1 BvQ 5/77, Rn. 15, zitiert nach juris.de.

sehen können. Denn aufgrund des vorherigen Nachgebens im Fall Lorenz käme durchaus eine entsprechende Selbstbindung der Verwaltung in Betracht. Zudem trat zwei Tage später ein, was schon am Tag der Urteilsverkündung absehbar war: Am 16.10.1977 wurde Hanns Martin Schleyer von seinen Entführern erschossen.

Die Behörden wollen nicht alle Gesetzesverstöße verhindern
Besonders wichtig ist Ermessen im Rahmen der Gefahrenabwehr und bei der Strafverfolgung. Die Staatsdiener sind aus praktischen Gründen nicht verpflichtet, bei jedem vermuteten oder bekannt gewordenen Gesetzesverstoß sofort tätig zu werden. Vielmehr haben sie einen Ermessensspielraum, ob und wie sie tätig werden (sogenannte Entschließungs- und Auswahlermessen), wer und was untersucht oder geprüft wird und in welcher Reihenfolge und Intensität das geschieht.

Doch gerade im Bereich der Gefahrenabwehr und der Strafverfolgung lassen sich fast immer juristisch korrekt unterschiedliche Rechtsfolgen begründen. Die Staatsdiener haben deshalb die Möglichkeit, unbemerkt subjektive Motive in ihre Entscheidung mit einfließen zu lassen. Denn niemand kann in den Kopf eines anderen Menschen schauen. Man weiß deshalb nie mit absoluter Sicherheit, ob für die Ausübung des Ermessens tatsächlich die in der Begründung angegebenen Argumente ausschlaggebend waren, oder ob sich der Entscheider in Wirklichkeit von anderen, sachfremden Motiven hat leiten lassen und die passenden Argumente nur vorgeschoben sind. Das kann dazu führen, dass nicht jeder erkannte Gesetzesverstoß verhindert oder sanktioniert wird oder dass jemand Vorteile erhält, auf die er eigentlich keinen Anspruch hat.

Dabei spielen in der Praxis aufseiten der Behördenmitarbeiter insbesondere folgende Motive eine Rolle:

Sympathie Manchmal menscheln auch Staatsdiener und lassen einen sympathischen Gesetzesübertreter laufen oder verzichten bewusst auf eine umfassende Kontrolle. Der Klassiker: Eine Politesse stellt ausnahmsweise keinen Strafzettel aus, wenn die gestresste Mutter ihren Sprössling aus der Kita holt und kurz im Parkverbot steht.

Zeitnot In manchen Behörden herrscht Zeitnot. So beklagen sich zum Beispiel immer wieder Mitarbeiter bei den Jobcentern darüber, dass der einzelne Sachbearbeiter viel zu viele Fälle bearbeiten muss. Doch es gibt eine einfache Regel: Einem Antrag stattgeben geht schneller, als einen Antrag ablehnen. Logisch: Wenn der Bürger nicht bekommt, was er will, beschwert er sich. Dann muss der Sachbearbeiter die Ablehnung schriftlich begründen und sich eventuell sogar gegenüber seinem Vorgesetzten rechtfertigen. Wird ein Antrag dagegen in vollem Umfang bewilligt, ist die Sache schnell vom Tisch. Was wird ein gestresster und überforderter Sachbearbeiter also machen, wenn er einen Antrag juristisch korrekt sowohl ablehnen als auch bewilligen kann? Die gleiche Überlegung gilt generell für Kontrolleure. Je genauer man den Sachverhalt überprüft, desto eher findet man etwas. Entscheidet man sich dagegen juristisch korrekt dafür, nicht so genau hinzuschauen, dann gibt es keine Hinweise auf Unstimmigkeiten und der Ärger bleibt aus.

Auch Staatsanwälte sind meistens chronisch überlastet, denn in vielen Bereichen sind die internen Zeitvorgaben für die Erledigung viel zu knapp bemessen. So sollen zum Beispiel auch große Wirtschaftsstrafsachen in weniger als 50 h komplett bearbeitet werden. Doch wenn man sich durch abertausende Seiten von Akten arbeiten muss, um überhaupt erst einmal den ganzen Sachverhalt zu verstehen, dann reicht das einfach nicht. Staatsanwälte lieben deshalb Normen, die es ihnen erlauben, ein Verfahren einzustellen – entweder ganz ohne Strafe (zum Beispiel bei geringer Schuld, § 153 StPO) oder gegen Zahlung eines Geldbetrags (§ 153a StPO). Und clevere Anwälte nutzen diesen Umstand eiskalt aus, indem sie den Fall ihres Mandanten extrem aufblähen und verkomplizieren. Da werden dann schon mal Dutzende Aktenordner mit Bilanzen oder technischen Dokumenten vorgelegt, für deren korrektes Verständnis vertieftes Expertenwissen erforderlich ist. Da ein normaler Staatsanwalt darüber aber nicht von Haus aus verfügt, hat er zwei Möglichkeiten: Entweder er arbeitet sich gründlich ein und riskiert, dass dafür im Gegenzug viele seiner anderen Verfahren verjähren (=die Täter können nicht mehr bestraft werden). Oder er stellt den zeitfressenden Riesenfall gegen die Zahlung einer Geldbuße ein und kann sich ordnungsgemäß um alle seine Akten kümmern. Im ersten Fall bekommt der Staatsanwalt eine Menge Ärger wegen der unbearbeiteten Fälle und genau einen Punkt in der Erledigungsstatistik. Im zweiten Fall schnellen seine Erledigungszahlen nach oben und niemand beschwert sich über ihn. Was würden Sie tun? Um Zeit zu sparen werden harmlose Massendelikte wie der Besitz geringer Mengen Drogen, Ladendiebstahl oder Schwarzfahren häufig ganz ohne Strafe eingestellt. Und bezüglich des Delikts der illegalen Einreise, die nach § 95 Abs. 1 Aufenthaltsgesetz immerhin mit einem Jahr Gefängnis bestraft werden kann, hat das Oberlandesgericht Koblenz 2017 in einem Urteil ernüchtert festgestellt:

> Die rechtsstaatliche Ordnung der Bundesrepublik ist in diesem Bereich ... seit rund eineinhalb Jahren außer Kraft gesetzt und die illegale Einreise ins Bundesgebiet wird momentan de facto nicht mehr strafrechtlich verfolgt[2].

---

[2]OLG Koblenz, 14.02.2017, 13 UF 32/17, Rn. 58, zitiert nach juris.de.

Angst vor öffentlicher Kritik Manchmal fürchten Staatsdiener die Reaktion der Öffentlichkeit, vor allem den Vorwurf von Rassismus, Diskriminierung oder Fremdenfeindlichkeit. Deshalb wurde zum Beispiel in Großbritannien jahrelang nicht gegen kriminelle Banden von pakistanischen und afrikanischen Einwanderern ermittelt, die tausende minderjährige weiße Mädchen in ihre Gewalt gebracht, vergewaltigt und zur Prostitution gezwungen hatten. Obwohl einige der missbrauchten Mädchen Anzeige erstattet hatten, geschah lange nichts, weil die zuständigen Sozialarbeiter und Polizisten Angst hatten, des Rassismus bezichtigt zu werden, wenn sie gegen muslimische Einwanderer ermittelten.

Wer es schafft, die öffentliche Meinung durch emotionale Auftritte auf seine Seite zu bringen, hat ebenfalls gute Chancen, dass die Behörden ein Auge zudrücken. So erhielt die aus Palästina stammende Teenagerin Reem Sahwil nach ihrem tränenreichen Auftritt in einer Fernsehdiskussion mit Bundeskanzlerin Merkel („Deutschland kann nicht alle Flüchtlinge aufnehmen") und einem sich anschließenden Sturm der Entrüstung im Internet doch noch eine dauerhafte Aufenthaltsgenehmigung.

Bestechung Der Umstand, dass Staatsdiener einen Ermessensspielraum haben, kann verlockend sein. Denn das bietet die Möglichkeit, den Entscheider mithilfe einer Gegenleistung zu einer bestimmten Art der Ermessensausübung zu motivieren. Ganz klassisch: Man bietet Geld dafür, dass im Gegenzug eine bestimmte Handlung vorgenommen wird. So wurde 2018 ein Berliner Polizist festgenommen, weil er mit den Inhabern mehrerer Gaststätten vereinbart hatte, sie vor Drogenrazzien oder Prüfungen durch Polizei, Zoll oder Steuerbehörden zu warnen. Dafür erhielt er 3000 EUR monatlich. Und auch ganz oben ist Bestechung ein Thema. Schon der Bayerische König

Ludwig II. ließ sich die Unterzeichnung des sogenannten Kaiserbriefs an die deutschen Bundesfürsten, der schließlich zur Proklamation von Wilhelm I. zum Deutschen Kaiser am 18.01.1871 im Spiegelsaal von Versailles führte, von Otto von Bismarck heimlich mit sechs Millionen Goldmark bezahlen. Heutzutage sind vor allem die Bereiche interessant, in denen es um viel Geld geht. So flossen bei der Privatisierung der Leunawerke und der aus dem VEB Minol hervorgegangenen Minol Mineralölhandel AG 1990/1991 viele Millionen Euro an Schmiergeld. Beliebt sind heimliche Zahlungen auch, wenn es darum geht, an eine erforderliche Genehmigung zu kommen. So überwies der Waffenhersteller Heckler & Koch mehreren Bundestagsabgeordneten der FDP, die sich mit Rüstungsthemen befassten, und dem CDU-Kreisverband Rottweil, dem der damalige CDU-Fraktionschef im Bundestag Volker Kauder angehörte, jeweils mehrere tausend Euro, um Sturm-Gewehre nach Mexiko verkaufen zu dürfen. In weniger mondänen Fällen beginnt es oft mit kleinen Aufmerksamkeiten. Der Bauunternehmer schickt den Mitarbeitern des städtischen Bauamts regelmäßig Weihnachtsgeschenke. Aufsichtsräte in kommunalen Energieunternehmen werden zu „Informationsreisen" auf Ölförderplattformen oder in touristisch interessante Städte eingeladen – gerne auch mit Ehepartner. Über die Jahre baut man so ein Vertrauens- und Abhängigkeitsverhältnis auf. Und irgendwann zeigen sich die Begünstigten erkenntlich (Reziprozitätsprinzip!) und beauftragen nicht mehr das Unternehmen mit dem besten Angebot, sondern den lieb gewonnenen Partner.

Natürlich ist all das strafbar. Aber da es kein unmittelbar geschädigtes Opfer gibt, wird Bestechung nur selten entdeckt. Ans Licht kommen diese Fälle entweder durch Zufall oder wenn sich einer der beiden Partner über den Tisch gezogen fühlt und mit dem bisherigen Arrangement nicht mehr zufrieden ist. Letztlich geht das alles zulasten der Allgemeinheit: Die Stromgebühren sind höher als notwendig, der an sich bessere Wettbewerber wird vom Markt verdrängt, Schutzstandards werden nicht eingehalten.

Bedrohung Manchmal wird versucht, Staatsdiener bei der Ausübung ihres Ermessens durch Drohungen zu beeinflussen. Der Klassiker: Die ausdrückliche oder angedeutete Drohung mit Gewalt gegen Leib und Leben. Manche Fahrkartenkontrolleure „übersehen" deshalb schon von vornherein bestimmte Gruppen junger Männer, von denen Ärger, Aggressionen und Gewalttätigkeiten zu erwarten sind. Mitarbeiterinnen von Jugendämtern werden massiv bedroht, wenn es darum geht, Kinder wegen der Gefährdung des Kindeswohls aus ihren Familien herauszunehmen. Und gewaltaffine Milieus wie die organisierte Kriminalität oder kriminellen Großfamilien schrecken sogar vor Drohungen gegen Richter, Staatsanwälte und Polizisten nicht zurück.

Doch es muss gar nicht immer Gewalt sein. Lässt ein Vorgesetzter durchblicken, dass er mit einer bestimmten Entscheidung glücklich(er) wäre, kann das bei einem Staatsdiener durchaus die Sorge begründen, dass andernfalls die Karriere vorbei ist. Effektiv ist auch die Ankündigung, pikante Details aus dem Privatleben zu veröffentlichen. Und gar nicht so selten kommt man ans Ziel, wenn man dem zuständigen Beamten mit Anwalt und Klage droht. Dann gibt der Mathelehrer dem Sohn halt noch die für eine Versetzung erforderliche Note 4 statt der eigentlich angemessenen 5. Und vermutlich führt hin und wieder auch die Ankündigung, bestimmte pikante Informationen zu veröffentlichen, dazu, dass die Verwaltungsmitarbeiter ihr Ermessen auf eine bestimmte Art und Weise ausüben.

6 Auf einem Auge blind? – Die überforderte ...

Die Behörden können nicht alle Gesetzesverstöße verhindern

Eine wichtige Aufgabe der Behörden ist es, die Einhaltung der Gesetze zu überwachen und Verstöße zu sanktionieren. Doch immer wieder kommt es vor, dass die staatlichen Kontrolleure Gesetzesverstöße gar nicht erkennen. Dafür gibt es unterschiedliche Ursachen, die von gewieften Menschen gezielt ausgenutzt werden.

Zu wenig Personal Oft fehlt es einfach an ausreichendem Personal. In Deutschland sind zwar mehr als vier Millionen Menschen im öffentlichen Dienst tätig, doch das reicht bei weitem nicht aus, um jeden Gesetzesverstoß zu verhindern oder angemessen zu sanktionieren. Die Verwaltung kann deshalb immer nur einen kleinen Teil der Sachverhalte gründlich prüfen. Oft wird aber gar nicht oder nur stichprobenartig kontrolliert. So begnügt man sich zum Beispiel im Straßenverkehr mit einigen Radaranlagen an viel befahrenen oder unfallträchtigen Stellen sowie gelegentlichen mobilen Kontrollen. Ähnlich ist es im Steuerrecht. In Deutschland gibt es 15.000 Betriebsprüfer. Diese sind sowohl für die 21 Mio. Einkommensteuererklärungen zuständig als auch für die Steuererklärungen der sieben Millionen im Unternehmensregister eingetragenen Firmen. Natürlich wird da nicht alles vor Ort überprüft. Man konzentriert sich vor allem auf die wirtschaftlich interessanten Fälle. Die Folge: Großbetriebe werden praktisch lückenlos alle fünf Jahre überprüft. Aber schon bei den mittelgroßen Unternehmen sinkt die jährliche Prüfquote auf nur noch fünf Prozent (was bedeutet, dass man im Durchschnitt alle 20 Jahre kontrolliert wird). Und wer ein zu versteuerndes Einkommen von unter 500.000 EUR hat, wird sehr wahrscheinlich niemals einen Betriebsprüfer zu Gesicht bekommen.

Zu wenig Wissen Manchmal haben die Mitarbeiter in den Behörden nicht genügend Wissen und Erfahrung, um zu erkennen, dass sie belogen oder getäuscht werden. Als im Sommer/Herbst 2015 täglich tausende von Flüchtlingen nach Deutschland kamen, explodierte die Zahl der gestellten Asylanträge. Das zuständige BAMF stellte kurzfristig tausende neuer Mitarbeiter ein, die nach einer achtwöchigen Schulung sofort selbst entscheiden mussten. Zum Vergleich: In den 1990er-Jahren betrug die Ausbildung noch sechs Monate. Doch wie sollen Leute mit einer solchen Express-Ausbildung realistisch einschätzen können, ob die Angaben der Antragsteller wahr sind und sie tatsächlich politisch verfolgt werden? Dazu bedarf es neben einer fundierten Ausbildung in Aussagepsychologie vor allem auch eines umfangreichen Wissens darüber, welche Zustände in den jeweiligen Herkunftsländern herrschen. Man sollte die geografischen, kulturellen und sozialen Besonderheiten kennen. Doch daran fehlte es. Und so erhielten viele Antragsteller den begehrten Schutzstatus selbst dann, wenn sie offensichtlich falsche Angaben gemacht hatten. Der spektakulärste Fall war Franco A. Der Oberleutnant der Bundeswehr hatte sich Ende 2015 als syrischer Flüchtling ausgegeben. Obwohl er nicht Arabisch sprach – sondern Deutsch mit französischem Akzent –, wurde ihm nach seiner Anhörung in einer Außenstelle des BAMF der Schutzstatus verliehen. Bis Anfang 2017 war Franco A. werktags bei der Deutsch-Französischen Brigade im Elsass tätig und lebte an den Wochenende in der Flüchtlingsunterkunft, der er zugewiesen war. Niemand schöpfte Verdacht. Der ganze Schwindel flog nur auf, weil Franco A. in Wien wegen einer Pistole aus der Zeit des 2. Weltkriegs kurzzeitig festgenommen wurde und die österreichischen Behörden seine Fingerabdrücke überprüften.

Dann gibt es Fälle, in denen nach außen hin alles ganz normal wirkt und es objektiv keinen Anhaltspunkt für eine Gesetzesübertretung gibt. Das kommt in allen möglichen Bereichen vor: Wer Grunderwerbssteuer sparen will, gibt beim Notar einen niedrigeren Kaufpreis an. Wer seine Doktorarbeit nicht selbst schreiben will, beauftragt einen Ghostwriter. Wer einer politischen Partei unerkannt einen größeren Betrag zukommen lassen will, stückelt den Betrag in Teilsummen auf, die jeweils unter 10.000 EUR liegen. Wer sein Kind auf eine Schule außerhalb des eigenen Schulbezirks schicken will, meldet bei einem Bekannten, der in dem Einzugsgebiet der gewünschten Schule wohnt, einen Scheinwohnsitz an. Wer eine Aufenthaltsgenehmigung braucht, geht eine Scheinehe mit einem Deutschen ein, lässt sich nach ein paar Jahren scheiden und bekommt so ein eigenständiges Aufenthaltsrecht. Natürlich ist das alles nicht erlaubt und wenn es auffliegt, gibt es Ärger. Aber dazu kommt es nur selten. Denn ohne konkrete Anhaltspunkte belassen es die Mitarbeiter in den Behörden zumeist bei einer oberflächlichen Prüfung. Zwar gibt es einzelne Bereiche, die naturgemäß eher misstrauisch sind und nachhaken – etwa Kriminalpolizisten oder Steuerfahnder –, aber der Großteil der Verwaltung ist weder personell noch technisch darauf ausgelegt, bewusste Lügen und Täuschungen aufzudecken. Die Angaben der Bürger werden grundsätzlich als wahr unterstellt, systematische Kontrollen fehlen.

Manche Täuschung bleibt unerkannt, weil die Mitarbeiter in der Verwaltung auf die Schnelle keinen Sachverständigen zur Hand haben, der ihnen weiterhilft. Deshalb kann man mit medizinischen Gutachten viel erreichen, denn die Mitarbeiter der Verwaltung können mangels eigener medizinischer Kenntnisse praktisch nie beurteilen, ob ein vorgelegtes Attest korrekt ist. Unzählige junge Männer haben sich mit einem Gefälligkeitsgutachten als wehrdienstuntauglich ausmustern lassen. 2008 betrug die Quote der als untauglich Gemusterten mehr als 42 %! Und was kann ein Musterungsarzt auch groß machen? Wie soll er spontan das Attest eines Neurologen oder Psychiaters überprüfen oder gar widerlegen? Wie soll ein Mitarbeiter der Ausländerbehörde bei einer Abschiebung beurteilen, ob die in dem in letzter Minute vorgelegten ärztlichen Attest bescheinigte posttraumatische Belastungsstörung samt Selbstmordgefahr tatsächlich vorliegt? Das kann er gar nicht. Dazu ist er nicht ausgebildet. Also geht er den Weg des geringsten Widerstands und unterstellt das Gutachten als wahr.

Fehlende Befugnisse Dann gibt es Fälle, in denen es den Mitarbeitern in der Verwaltung an den erforderlichen Befugnissen fehlt. Sie würden gerne kontrollieren, es gibt geeignete Möglichkeiten – aber ein Gesetz verbietet es. Thema Datenschutz. Die Sicherheitsbehörden dürfen aufgrund diverser Datenschutzbestimmungen nicht einfach so ihre Daten untereinander austauschen. Bundesweit tätige Kriminelle können dadurch Vorteile erlangen, denn die Polizisten dürfen als Landesbeamte regelmäßig nicht ohne Weiteres auf die Datenbanken der Sicherheitsbehörden in anderen Bundesländern zugreifen. Behörden dürfen in der Regel auch nicht einfach einen Detektiv einschalten oder durch verdeckt tätige Außendienstmitarbeiter kontrollieren, ob jemand trotz attestierter Arbeitsunfähigkeit einer beruflichen Tätigkeit nachgeht[3] oder ob ein Sozialhilfeempfänger mit jemandem in einer Lebensgemeinschaft zusammenlebt, sodass dieser ggf. unterhaltspflichtig ist[4].

---

[3]BGH, 20.05.2009, IV ZR 274/06, Rn. 22, zitiert nach juris.de.
[4]Thüringer Oberverwaltungsgericht, 25.11.2010, 3 KO 527/08, Rn. 37 ff., zitiert nach juris.de.

6 Auf einem Auge blind? – Die überforderte …

Fehlende Cleverness Manchmal sind die Mitarbeiter der Behörden nicht clever oder kompetent genug, um Gesetzesübertretungen zu erkennen. Im Dieselabgasskandal fiel es den staatlichen Prüfern jahrelang nicht auf, dass die Ingenieure und Softwarespezialisten von Volkswagen und anderen Autobauern ihre Abgassteuerung so programmiert haben, dass die Software erkennt, ob das Auto auf der Straße fährt (dann normaler Schadstoffausstoß, der über den Grenzwerten liegt) oder im Prüfstand ist (dann kurzzeitig reduzierter Schadstoffausstoß, der die Grenzwerte einhält). Für die staatlichen Prüfer wirkte alles ganz korrekt.

Das gilt auch dann, wenn der Gesetzesübertreter technisch überlegen ist. Die deutschen Behörden sind immer wieder nicht in der Lage, ihre Rechner zu schützen – nicht einmal die viel gelobten Experten im Bundesamt für Sicherheit in der Informationstechnik (BSI). 2015 kam es zu einem Hacker-Angriff auf den Deutschen Bundestag. Bemerkt wurde der Angriff aber erst Monate später. Bis dahin konnten die mutmaßlich russischen Hacker Daten im Umfang von 16 Gigabyte abziehen. Einer anderen russischen Hackergruppe gelang es 2016 sogar, sich in das Informationssystem der Bundesakademie für öffentliche Verwaltung (IVBB) in Brühl einzuschleichen. Das IVBB ist größtenteils vom Internet abgekoppelt und verbindet das Kanzleramt, die Bundesministerien und alle Sicherheitsbehörden des Bundes miteinander. Entdeckt wurde der Angriff erst Ende 2017 nach Hinweisen eines befreundeten ausländischen Geheimdienstes. Und auch als der US-Geheimdienst NSA ab 2002 das Handy von Angela Merkel abhörte, bekamen die deutschen Sicherheitsdienste davon so lange nichts mit, bis Edward Snowden 2013 die weltweiten Überwachungsaktivitäten der US-Geheimdienste bekannt machte.

Manche Gesetzesverstöße bleiben unentdeckt oder ungesühnt, weil die Mitarbeiter in der Verwaltung Dienstvorschriften, Gesetze oder interne Anweisungen versehentlich oder aus Bequemlichkeit nicht berücksichtigen. Manchmal laufen Kontrollen schon deshalb ins Leere, weil sie vorher angemeldet werden. So kündigt der Medizinische Dienst der Krankenkassen es in der Regel einen Tag vorher an, wenn er einen ambulanten Pflegedienst überprüft. Begründung: „Sonst ist womöglich keiner da, wenn wir um 8 Uhr vor der Türe stehen."

Und bei charmanten Betrügern unterbleiben manchmal auch die einfachsten Sicherungsmaßnahmen. In den 1980er-Jahren hatte sich der gelernte Postzusteller Gerd Postel immer wieder als Arzt ausgegeben und wurde dafür mehrfach strafrechtlich verurteilt. Nichtsdestotrotz bekam er 1995 im sächsischen Zschadraß eine Stelle als Oberarzt im dortigen Fachkrankenhaus für Psychiatrie. Aufgrund seiner Fähigkeit, zu Ärzten, Professoren und Juristen schnell ein gutes Verhältnis aufzubauen, wurde er ohne Weiteres eingestellt. Niemand überprüfte seine Unterlagen oder forderte ihn auf, Original-Dokumente vorzulegen. Wenig später bot die sächsische Landesregierung dem sympathischen Hochstapler sogar eine C4-Professur als Chefarzt im landeseigenen Fachkrankenhaus für Psychiatrie und Neurologie an. Der ganze Schwindel flog wieder nur durch einen Zufall auf: Die Eltern einer seiner Mitarbeiterinnen stammten aus Postels Heimatregion und erinnerten sich bei einem privaten Gespräch zufällig an seinen Namen und die früheren Eskapaden.

7

Egoismus oder Gemeinwohl? – Die Motive des Gesetzgebers

> **Übersicht**
>
> Theoretisch handeln die gewählten Politiker zum Wohl des Volkes. Sie setzen den Willen ihrer Wähler in Gesetze um und sorgen so für Sicherheit, Gerechtigkeit und Frieden. Praktisch haben Politiker nicht immer das Wissen und die Kompetenz, um gute Gesetze zu machen. Zudem können sie sich und ihren Unterstützern durch den Erlass von Gesetzen unlautere Vorteile verschaffen.

Politiker sind nicht unfehlbar

Selbst wenn Politiker völlig uneigennützig und nur zum Wohl des Volkes handeln wollten, wäre nicht sicher, dass die von ihnen gemachten Gesetze und die getroffenen Entscheidungen tatsächlich auch dazu geeignet sind, diesen Zweck zu erreichen. Denn Politiker sind nicht allwissend.

Fehlende Kompetenz Ob man es als Politiker nach oben schafft, ins Parlament gewählt wird oder Macht erhält, hängt nicht zwingend von den jeweiligen fachlichen und charakterlichen Fähigkeiten ab. Um Politiker zu werden und als Abgeordneter in ein Parlament einzuziehen, ist nämlich keine besondere formale Qualifikation erforderlich. Es genügt, von einer aussichtsreichen Partei unterstützt zu werden und dann über das Direktmandat oder auf einem sicheren Listenplatz ins Parlament einzuziehen. Wichtig ist also, dass man kommunikativ ist und sympathisch wirkt. Man muss die richtigen Leute in der Partei kennen und Netzwerke knüpfen. Das hat zur Folge, dass die gewählten Abgeordneten so manches Gesetz, über das sie entscheiden, nicht wirklich verstehen. Sie sind deshalb auf den Ratschlag anderer Personen angewiesen. Im Idealfall sind solche Berater Fachexperten, die sich mit dem Thema hervorragend auskennen und den Politikern die Chancen und Risiken der jeweiligen Alternativen aufzeigen. Darauf aufbauend können die Politiker dann eine fundierte Entscheidung treffen. Allerdings besteht in der Praxis das Problem, dass es auf viele Fragen unterschiedliche und widersprüchliche Antworten gibt. Wie soll ein Politiker beurteilen, welcher Experte die richtige Lösung hat? Noch schwieriger wird es, wenn sich Lobbyisten als Berater tarnen.

Diese Ahnungslosigkeit der Politiker kann man ausnutzen. So schaffte es zum Beispiel die Deutsche Bank, eine ganze Reihe von Oberbürgermeistern und Stadtkämmerern zu überzeugen, komplizierte Finanzprodukte zu kaufen. Hinter modernen Namen wie „Spread Ladder Swap" verbargen sich letztlich hoch spekulative Zinswetten. Die Politiker und Parteisoldaten haben oft gar nicht verstanden, um was es da genau ging und welche Risiken bestanden. Aber sie haben auf den leicht verdienten Gewinn gehofft und zugeschlagen. Dummerweise entwickelten sich die Zinsen anders als erwartet und einer Reihe von Städten ging es so wie Pforzheim, das 20 Mio. EUR Verlust einfuhr. Andere Lobbyisten schwatzten unerfahrenen Politikern unnütze, aber kostspielige Dinge auf. So wurden in den 1990er-Jahren viele kommunale Spaß- und Freizeitbäder gebaut, die später wegen zu geringer Auslastung zu Millionengräbern wurden. So auch in Würselen. Damals hatte der amtierende Oberbürgermeister und spätere SPD-Kanzlerkandidat Martin sogar ein Bürgerbegehren gegen den Neubau eines Schwimmbads wegen Formfehlern abgelehnt, um das Projekt durchzusetzen. O-Ton Schulz: „Ich glaube daran, dass das Freizeitbad in Würselen ein voller Erfolg wird – wirtschaftlich, organisatorisch. Ich glaube an dieses Projekt, deshalb kämpfe ich dafür."

Falsche Vorstellung von Recht und Gesetz In der Politik gibt es zwar viele Juristen, aber die meisten Abgeordneten haben keine wirkliche Ahnung davon, wie Gesetze und das Rechtssystem in der Realität funktionieren. Diese Unkenntnis nutzen Lobbyisten gezielt aus. Mit scheinbar unwiderlegbaren Argumenten oder Expertisen vermeintlich unabhängiger Wissenschaftler versuchen sie, die Abgeordneten davon zu überzeugen, dass ein geplantes Gesetz nicht funktionieren wird. Als die Share-Deals zur Umgehung der Grunderwerbssteuer durch eine Gesetzesänderung erschwert werden sollten, wurde gewarnt, dass die geplanten Maßnahmen kaum Auswirkungen auf Grundstücks-Spekulationen hätten, aber viele unverdächtige Mittelständler und Familienunternehmen vor große Hemmnisse bei Umstrukturierungen und Unternehmensnachfolgen stellen würden.

Oder man behauptet, ein Gesetzentwurf sei nicht machbar, weil nicht zu beseitigende rechtliche Gründe entgegenstünden. Auf diese Weise verhinderten die Autohersteller, dass sie wegen der manipulierten Abgaswerte gesetzlich zu Hardware-Nachrüstungen verpflichtet wurden. Begründung: „Wir haben die Anforderungen bei Erteilung der Typgenehmigung erfüllt, sodass die betroffenen Autos rechtmäßig im Verkehr sind." Doch man kann die einschlägigen Gesetze juristisch korrekt auch so auslegen, dass die Anforderungen nur dann erfüllt sind, wenn die Abgaswerte nicht nur auf dem Prüfstand, sondern auch auf der Straße erfüllt werden. Nochmals: Bei der Auslegung eines Gesetzes zählt nicht nur der Wortlaut, sondern es kommt auch auf die anderen Kriterien wie Systematik, Entstehungsgeschichte und Sinn und Zweck an. Zudem sind die gewählten Abgeordneten durch nichts und niemanden daran gehindert, ein neues Gesetz zu erlassen, das die Hersteller zu einer kostenlosen Hardware-Nachrüstung verpflichtet. Aber wenn ein juristisch unerfahrener Politiker die Gegenargumente von vermeintlichen Experten hört und vielleicht sogar noch von den Juristen seiner eigenen Fraktion darin bestärkt wird, dann glaubt er das halt. Er weiß ja nicht, wie Recht wirklich funktioniert. Und deshalb verläuft so manches sinnvolle Gesetzesvorhaben im Sand.

Keine Ahnung von den Folgen Ein weiteres Problem ist, dass Politiker die rechtlichen Auswirkungen ihrer Gesetze oft nicht wirklich überblicken. Es gibt mittlerweile so viele Gesetze und Normen, dass niemand mehr genau vorhersagen kann, wie sich eine Gesetzesänderung in allen Konsequenzen auswirken wird. Politiker haben beim Erlass eines Gesetzes zwar bestimmte Fälle im Kopf, die sie damit regeln wollen. Aber sie ahnen nicht, welche Folgeprobleme sich dann stellen. Ist ein Gesetz erst einmal in der Welt, kommen findige Rechtsanwälte oft auf Ideen, an die die Politiker nie gedacht haben. Und so entstehen die viel gescholtenen Gesetzeslücken.

7 Egoismus oder Gemeinwohl? – Die Motive ...

Die Versuchung, sich als Gesetzgeber in eigener Sache unlautere Vorteile zu verschaffen
Die gewählten Abgeordneten beschließen auch Gesetze in eigener Sache. So legen sie fest, nach welchen Regeln der Bundestag gewählt wird, wie viel Geld aus der Staatskasse an die Parteien fließt und wie hoch ihre eigenen Diäten sind. Doch Politiker sind auch nur Menschen und damit der Versuchung ausgesetzt, ihre Gesetzgebungsbefugnisse hin und wieder für egoistische Zwecke zu nutzen. Natürlich wird das nie so ausdrücklich erwähnt. Und mit etwas Fantasie findet sich stets ein vermeintlich ehrenwertes und juristisch akzeptables Motiv, warum die beschlossene Regelung unbedingt notwendig ist, obwohl sie als Nebeneffekt erhebliche persönliche Vorteile für die Abgeordneten mit sich bringt. Dennoch werden solche Gesetze gerne zu später Stunde und ohne größere öffentliche Diskussion beschlossen.

Geld und andere persönliche Vorteile Jeder Abgeordnete im Deutschen Bundestag erhält eine monatliche „Abgeordnetenentschädigung", die regelmäßig steigt und zurzeit 9780,28 EUR beträgt. Offiziell sollen diese Diäten Verdienstausfälle ausgleichen, die den Abgeordneten durch die Ausübung ihres Mandats entstehen. Zudem soll ein Anreiz geschaffen werden, dass sich die am besten qualifizierten Personen überhaupt als Abgeordnete zur Verfügung stellen. Doch angesichts der Lebensläufe vieler Abgeordneter stellen sich insoweit schon ein paar Fragen. Denn aufgrund ihrer Ausbildung und bisherigen Tätigkeit ist bei nicht wenigen Abgeordneten anzunehmen, dass sie außerhalb des Plenarsaals wesentlich weniger verdienen würden. Das hat zur Folge, dass ein Abgeordnetenmandat wohl nicht immer nur aus idealistischen Gründen angestrebt wird. Das Ergebnis sind die sogenannten Berufspolitiker, also Personen, die ihr ganzes berufliches

Leben im Umfeld von Parteien verbringen und deren wirtschaftliche Existenz darauf aufgebaut ist, in der Politik zu sein. Das Problem: Wer nichts anderes hat, wird fast alles tun, um dabei zu bleiben. Und deshalb folgen viele Abgeordnete den Vorgaben der Parteiführung scheinbar willenlos (Stichwort Fraktionszwang). Zusammen mit der Mitarbeiterpauschale von aktuell 20.870 EUR pro Monat verschafft die Diätenregelung den gewählten Abgeordneten gegenüber ihren politischen Konkurrenten ganz erhebliche Vorteile. Denn Abgeordnete erhalten ihre Diäten auch während des Wahlkampfs in vollem Umfang. Dagegen müssen ihre Mitbewerber, die noch nicht im Parlament sind, ihren Lebensunterhalt in diesen Monaten selbst bestreiten.

Staatliche Parteienfinanzierung Mit Geld gewinnt man Wahlen, denn Wahlkampf kostet Geld. Die Bundestagsabgeordneten haben deshalb beschlossen, dass die politischen Parteien jedes Jahr viel Geld aus der Staatskasse erhalten. Die Obergrenze dafür wird regelmäßig erhöht, zuletzt von 161,8 Mio. EUR auf jetzt 190 Mio. EUR. Natürlich erhält nicht jede Partei gleich viel. Die Verteilung dieser Summe ist im Parteiengesetz scheinbar neutral geregelt. Entscheidende Faktoren sind die bei Wahlen erzielten Stimmen und die Summe der sonstigen Einnahmen wie Mitgliedsbeiträge und Spenden. Zudem erhält eine Partei maximal so viel aus der staatlichen Parteienfinanzierung, wie sie selbst an sonstigen Einnahmen erwirtschaftet. Doch durch diese Regeln werden faktisch die etablierten Parteien massiv bevorzugt. Denn neue oder kleinere Parteien erzielen oft noch nicht viele eigene Einnahmen und erhalten deshalb auch nicht alle möglichen Beträge, die ihnen aufgrund ihrer Wahlerfolge zustehen würden. Dadurch entgingen zum Beispiel der AfD in den ersten Jahren ihres Bestehens mehrere Millionen Euro. Als die

AfD diese Regelung durch einen Trick aushebelte, indem sie Gold zum Marktpreis verkaufte und so zwar keinen Gewinn, aber künstlich viel Umsatz generierte, reagierten die Abgeordneten von CDU, CSU und SPD prompt und änderten das Parteiengesetz. Seit 2016 werden Einnahmen aus Unternehmertätigkeit gemäß § 19a Parteiengesetz nur noch in Höhe des tatsächlich erzielten Überschusses berücksichtigt.

Eine weitere wichtige Einnahmequelle sind die Zuschüsse zu den parteinahen Stiftungen. Diese erhalten mittlerweile fast dreimal so viel Geld wie die Parteien selbst (2017: 581,4 Mio. EUR). Allerdings gibt es dafür bis heute keine gesetzliche Grundlage. Die Verteilung erfolgt praktisch in einem rechtsfreien Raum und beruht allein auf einer informellen Übereinkunft der seit längerem im Bundestag vertretenen Parteien. Geld vom Staat gibt es für eine parteinahe Stiftung danach erst, wenn die Partei zum zweiten Mal den Einzug in den Bundestag geschafft hat. Konsequenz dieser Regelungen ist, dass die etablierten Platzhirsche sehr viel mehr Geld erhalten als ihre Konkurrenten. Und das verschafft ihnen durchaus den ein oder anderen Vorteil im Wahlkampf.

Möglichkeiten, Unterstützer zu belohnen Die gewählten Abgeordneten haben die Möglichkeit, Gesetze zu erlassen, mit denen sie Unterstützer belohnen können. Das macht es für bestimmte Personen oder Gruppen interessant, die jeweils herrschenden Politiker bzw. deren Parteien zu unterstützen – mit Geld in Form von Parteispenden, durch nützliche Informationen oder auf andere Weise. Auch dies kann für die gewählten Abgeordneten und ihre Parteien einen erheblichen Vorteil im Kampf um die Wiederwahl bedeuten.

Und worüber freuen sich vermögende Unterstützer? Ganz oben stehen Gefälligkeitsgesetze wie die Senkung der Mehrwertsteuer für Hotelübernachtungen oder die Erteilung von Genehmigungen für zum Beispiel Waffenexporte. Und ganz wichtig ist, dass bestimmte Gesetze nicht beschlossen werden, zum Beispiel ein Verbot von Steuervermeidungsstrategien oder Auflagen für Unternehmen, die Kosten verursachen. Natürlich ist es grundsätzlich in Ordnung, wenn Abgeordnete Gesetze machen, die bestimmte Gruppen bevorzugen. Denn dafür sind sie ja gewählt und das ist in einer Demokratie ihre Aufgabe. Problematisch ist es aber, wenn Abgeordnete ihre Gesetzgebungsmöglichkeiten im Einzelfall dazu benutzen, um Unterstützer zu belohnen – unabhängig davon, ob das auch im Sinne ihrer Wähler ist.

In diese Kategorie gehört auch die Möglichkeit, staatsanwaltschaftliche Ermittlungen und Anklagen zu verhindern. Seit 1879 heißt es in § 146 des Gerichtsverfassungsgesetzes (GVG):

> Die Beamten der Staatsanwaltschaft haben den dienstlichen Anweisungen ihres Vorgesetzten nachzukommen.

Das bedeutet konkret: Die Staatsanwälte sind weisungsgebunden. Ganz oben an der Spitze steht der Justizminister – ein Politiker. Dadurch können Politiker unmittelbar in die Justiz eingreifen, indem sie Parteifreunde oder Unterstützer vor drohenden Ermittlungen warnen, allzu eifrige Ermittler zurückpfeifen oder staatsanwaltschaftliche Ermittlungen einstellen lassen.

Der Trick: In Deutschland dürfen Richter nicht von sich aus tätig werden. Ohne Anklage durch einen Staatsanwalt gibt es deshalb keinen Prozess und damit auch keine Bestrafung. Eine weitere Ausprägung des Weisungsrechts ist die Berichtspflicht. Staatsanwälte müssen ihre Vorgesetzten informieren, bevor sie gegen eine Person aus dem öffentlichen Leben ermitteln. Personen in der Regierung erfahren daher vorab, wenn gegen sie oder einen ihrer Unterstützer ermittelt werden soll. Dadurch besteht die Gefahr, dass solche Personen rechtzeitig gewarnt und Beweise vernichtet werden. So waren beispielsweise über die Ermittlungen gegen den damaligen SPD-Bundestagsabgeordneten Sebastian Edathy wegen des Besitzes von kinderpornografischem Material im Jahr 2013/2014 allein in Niedersachsen mehr als 160 Personen informiert. Doch es gibt nicht nur die Berichtspflicht. Der Justizminister kann die Staatsanwälte auch anweisen, gar nicht zu ermitteln, keinen Haftbefehl zu beantragen oder ein Verfahren ganz einzustellen. Das wird zwar öffentlich immer vehement abgestritten. Stets wird darauf verwiesen, dass es keine entsprechenden schriftlichen Anweisungen gibt. Und das stimmt auch. Denn natürlich will kein Politiker das Risiko und die Verantwortung dafür übernehmen. Deshalb erfolgen Anweisungen entweder mündlich im Rahmen einer Dienstbesprechung, als „Anregung, zu prüfen, ob…" oder als „Empfehlung". Implizit wird dabei aber schon angedeutet, wohin der Hase laufen soll. Aber offiziell kann man dann immer noch so tun, als sei da gar nichts gewesen. Und die Staatsanwälte dürfen über solche Weisungen öffentlich auch nicht sprechen. Denn sonst machen sie sich wegen des Verrats von Dienstgeheimnissen strafbar. Für die Politiker besteht deshalb kaum die Gefahr, für subjektiv motivierte Eingriffe in die Justiz zur Verantwortung gezogen zu werden. Deshalb werden solche Fälle auch nur ausnahmsweise bekannt. So ermittelte in den 1990er-Jahren der Augsburger Staatsanwalt Winfried Maier gegen die CSU-Politiker Holger Pfahls, Max Strauß und den Waffenhändler Karlheinz Schreiber. Dadurch löste er 1999 die CDU-Spendenaffäre aus. Ab diesem Moment wurde Maier dann von seinen Vorgesetzten ausgebremst. Seine Haftbefehle wurden verzögert, er durfte bei der CDU nicht durchsuchen und Helmut Kohl nicht vernehmen. Am 21. März 2001 verlangte sein Vorgesetzter, Reinhard Nemetz, dass er einen Vermerk schreibt, wonach es gegen den Mitbeschuldigten Max Strauß keinen hinreichenden Tatverdacht gibt. Außerdem sollte Maier das Verfahren an die Staatsanwaltschaft München abgeben. Als er sich weigerte, machte ihm Nemetz klar, dass er als Staatsanwalt keine Karriere mehr machen werde. Auch der ebenfalls mit der Spendenaffäre befasste Augsburger Oberstaatsanwalt Jörg Hillinger behauptete mehrfach öffentlich, bei seinen Ermittlungen „von oben" behindert worden zu sein.

Über das Weisungsrecht können Politiker kraft ihres Amtes zudem auf die Strafvollstreckungsbehörden Einfluss nehmen. So durfte der wegen Steuerhinterziehung zu dreieinhalb Jahren Haft verurteilte Uli Hoeneß schon nach einem halben Jahr Haft Weihnachten und Silvester zu Hause verbringen. Nach sieben Monaten kam er in den offenen Vollzug und arbeitete täglich als „Assistent der Abteilungsleitung Junior Team" im Nachwuchsbereich des FC Bayern München. Nach einem Jahr übernachtete Hoeneß an fast allen Wochenenden bei seiner Familie. Und nach Verbüßung der Hälfte der Strafe wurde sein Antrag auf vorzeitige Haftentlassung bewilligt. Ob einem weniger prominenten Steuerhinterzieher im gleichen Maß derartige Hafterleichterungen zuteil gekommen wären, wissen nur der Anstaltsleiter und die anderen beteiligten Juristen. Aber vermutlich haben Hoeneß seine freundschaftlichen Kontakte zum damaligen bayerischen Ministerpräsidenten Horst Seehofer nicht unbedingt geschadet.

Kraft ihres Amtes können Politiker sich und ihren Unterstützern auch durch Weisungen an die Verwaltung unlautere Vorteile verschaffen, zum Beispiel indem sie dafür sorgen, dass die Finanzämter bei manchen Steuerzahlern nicht ganz so streng sind. Exemplarisch dafür ist der Fall von vier Steuerfahndern des Finanzamts Frankfurt V.

7 Egoismus oder Gemeinwohl? – Die Motive ...

Diese waren als „Bankenteam" ab Mitte der 1990er-Jahre mit großem Erfolg gegen Steuerhinterzieher vorgegangen und hatten schon über eine Milliarde Euro an Nachzahlungen hereingeholt. Dann befassten sie sich mit der Commerzbank, die reichen Kunden geholfen hatte, Geld auf Auslandskonten zu verschieben. Dabei wurde auch bekannt, dass die CDU Hessen über eine Stiftung Zaunkönig 20 Mio. D-Mark in Liechtenstein versteckt hatte. Daraufhin wurde durch eine behördeninterne Anordnung im August 2001 festgelegt, dass ein steuerstrafrechtlicher Anfangsverdacht bei Geldtransfers ins Ausland nur noch dann angenommen werden soll, wenn es sich bei Einzeltransfers um Summen von über 300.000 D-Mark handelt. Alle niedrigeren Beträge sollten die Steuerfahnder grundsätzlich nicht mehr bearbeiten. Das Bankenteam wurde aufgelöst. Steuerfahnder, die vor dem Verlust erheblicher Steueransprüche warnten, wurden in den Innendienst versetzt. Vier Beamte sollten sogar ganz aus dem Dienst entfernt werden. Ein Sachverständiger attestierte ihnen in fast wortgleichen psychiatrischen Gutachten, sie seien paranoid. Doch die Beamten wehrten sich. 2009 wurde der Sachverständige Thomas Holzmann wegen vorsätzlicher Falschbegutachtung zu einer Geldbuße von 12.000 EUR verurteilt. Zudem musste er den vier Steuerfahndern 226.000 EUR Schadensersatz bezahlen, weil seine Gefälligkeitsgutachten in keinster Weise den fachlichen Anforderungen genügt hatten. Aber wer weiß, wie viele vermögende Steuerhinterzieher von dieser politisch verordneten neuen Linie profitiert haben.

Und schließlich können Politiker aufgrund der bestehenden Gesetze eine Vielzahl von Posten in Justiz, Verwaltung und bei öffentlichen Unternehmen vergeben. Die Auswahl der Kandidaten erfolgt dabei aber nicht in erster Linie nach dem Grundsatz der Bestenauslese, sondern vor allem nach dem Parteibuch. Oder ist es Zufall, dass Gremien, die von einer Partei dominiert werden, immer Bewerber ernennen, die dieser Partei angehören oder ihr zumindest nahestehen? Durch diese Ämterpatronage können die gewählten Abgeordneten verdiente Unterstützer belohnen. Zugleich kann eine solche Personalauswahl dazu führen, dass die davon glücklich Betroffenen im Gegenzug ihr Ermessen zugunsten ihrer Förderer ausüben. Besonders relevant ist das zum Beispiel beim öffentlich-rechtlichen Rundfunk und natürlich bei der Besetzung der Richter am Bundesverfassungsgericht.

Fehlende Strafvorschriften Politiker verhindern in ihrer Funktion als Abgeordnete und Gesetzgeber, dass bestimmte Tatbestände gesetzlich geregelt oder bestraft werden. In Deutschland ist zum Beispiel Amtsmissbrauch nicht generell strafbar. Das gleiche gilt für den Bruch des Amtseids. Der Bundeskanzler und die Bundesminister schwören zwar,

> [...] dass ich meine Kraft dem Wohle des deutschen Volkes widmen, seinen Nutzen mehren, Schaden von ihm wenden, das Grundgesetz und die Gesetze des Bundes wahren und verteidigen, meine Pflichten gewissenhaft erfüllen und Gerechtigkeit gegen jedermann üben werde.

Es gibt derzeit aber keine Möglichkeit, Verstöße gegen den Amtseid zu sanktionieren. Ein Kanzler oder Minister hat keine persönlichen Konsequenzen zu befürchten. Dasselbe gilt für Bundestagsabgeordnete, die verfassungswidrige Gesetze beschließen – obwohl auch dadurch erhebliche Gefahren für die Bürger entstehen können. Hätte das Bundesverfassungsgericht § 14 Abs. 3 des Luftsicherheitsgesetzes nicht für verfassungswidrig erklärt[1], wäre es heute

---

[1]BVerfG, 15.02.2006, 1 BvR 357/05, BVerfGE 115, 118–166.

möglich, dass entführte Flugzeuge abgeschossen werden, auch wenn sich Unschuldige darin befinden. Die Abwahl eines Politikers ist in der Regel eine bloß theoretische Drohung. Denn dank der Landeslisten kommen auch solche Politiker ins Parlament, die bei den Bürgern praktisch keine Unterstützung haben. So erhielt die frühere baden-württembergische SPD-Landesvorsitzende Ute Vogt bei der Bundestagswahl 2017 in ihrem Wahlkreis Stuttgart I ganze 12,8 % der Erststimmen. Trotzdem zog sie über die Landesliste in den Bundestag ein.

Nicht strafbar sind auch gebrochene Wahlversprechen. Nach § 108a StGB wird zwar wegen „Wählertäuschung" mit bis zu zwei Jahren Gefängnis bestraft, wer

> [...] durch Täuschung bewirkt, dass jemand bei der Stimmabgabe über den Inhalt seiner Erklärung irrt oder gegen seinen Willen nicht oder ungültig wählt.

Davon wird aber nicht der Fall erfasst, dass Politiker im Wahlkampf Dinge versprechen, um die Wähler zu locken – und nach der Wahl haben sie alles wieder vergessen. Zum Beispiel im Wahlkampf 2005: Die CDU wollte die Mehrwertsteuer von 16 % auf 18 % erhöhen. Die SPD war strikt dagegen: „Mit uns wird es keine Mehrwertsteuererhöhung geben. Jetzt nicht und in der nächsten Legislaturperiode auch nicht." Und was geschah? Die große Koalition aus CDU/CSU und SPD erhöhte die Mehrwertsteuer auf 19 %. Später meinte Franz Müntefering dazu: „Es ist unfair, Politiker an ihren Wahlversprechen zu messen." Das mag so sein. Denn klar ist: Solange eine Partei nicht die absolute Mehrheit hat, wird sie Kompromisse machen müssen. Aber dann darf man halt auch keine unhaltbaren Versprechen machen. In anderen Bereichen geht das ja auch nicht. Wer sich im Internet einen Fernseher bestellt, obwohl er weiß, dass er kein Geld hat, wird zu Recht wegen Betrug bestraft und kann sich nicht damit rausreden, er sei davon ausgegangen, bald einen gut bezahlten Job zu finden.

In einer Demokratie sollte man deshalb den gewählten Abgeordneten zwar ein gewisses Grundvertrauen entgegenbringen, dass sie beim Erlass der meisten Gesetze tatsächlich davon überzeugt sind, zum Wohl der Menschen zu handeln. Allerdings wäre es unvernünftig, anzunehmen, dass das immer so ist. Denn die ins Parlament gewählten Politiker sind nicht allwissend und die Versuchung, sich mithilfe der nur auf Zeit verliehenen Gesetzgebungsbefugnisse unauffällig den ein oder anderen unlauteren Vorteil zu verschaffen, ist real.

8
Drohnen über Pakistan – Recht und Gewalt

> **Übersicht**
>
> Theoretisch sorgen die Sicherheitsbehörden dafür, dass alle Gesetze durchgesetzt werden – zur Not auch mit Gewalt. Sie verhindern bevorstehende Straftaten, verhaften Kriminelle und vollstrecken die von einem Gericht verhängten Strafen. Praktisch klappt das nicht immer. Denn manchmal sind die Gesetzesbrecher im entscheidenden Moment schneller oder stärker.

Nur mit Gewalt kann man unerwünschtes Verhalten sicher verhindern

Juristen definieren Gewalt etwas sperrig als

> […] den körperlich wirkenden Zwang durch die Entfaltung von Kraft oder durch sonstige physische Einwirkung, die nach ihrer Intensität dazu geeignet ist, die

freie Willensentschließung oder Willensbetätigung eines anderen zu beeinträchtigen[1].

Kurz gesagt: Gewalt ist die Einwirkung auf den Körper eines anderen Menschen mit dem Ziel, seinen Willen zu brechen oder ihn an einer körperlichen Aktion zu hindern. Doch nicht jeder darf Gewalt anwenden. In einem Rechtsstaat liegt das sogenannte Gewaltmonopol beim Staat. Das bedeutet, dass nur der Staat bzw. die im Auftrag des Staates handelnden Personen befugt sind, Gewalt auszuüben. Die Bürger müssen ihre Konflikte dagegen friedlich lösen und gegebenenfalls staatliche Gerichte einschalten. Ziel ist, dass sich nicht der Stärkere durchsetzt, sondern derjenige, der das Recht auf seiner Seite hat. Im Gegenzug ist der Staat verpflichtet, die Bürger im Ernstfall mit Gewalt zu schützen und ihre von einem Gericht rechtskräftig festgestellten Ansprüche durchzusetzen.

In einem Rechtsstaat ist die Ausübung der staatlichen Gewalt durch Gesetze geregelt. In Deutschland gibt es dazu vor allem die Polizeigesetze der einzelnen Bundesländer. Dort wird der Begriff Polizei allerdings in einem weiten Sinn gebraucht. Zur Polizei gehören alle staatlichen Behörden, deren Aufgabe es ist, die öffentliche Sicherheit und Ordnung zu schützen, neben dem Polizeivollzugsdienst also insbesondere auch die Ordnungsämter oder die Bau- und Gewerbeaufsicht. Körperliche Gewalt (juristisch: unmittelbarer Zwang) dürfen im Inland jedoch nur solche Personen ausüben, die im „Gesetz über den unmittelbaren Zwang" ausdrücklich dazu ermächtigt werden. Das sind vor allem Polizeivollzugsbeamte, Zollbeamte und die Beamten im Justizvollzugsdienst, nicht aber die Mitarbeiter

---

[1] VG Düsseldorf, 15.04.2016, 7 K 8068/15, Rn. 60, zitiert nach juris.de.

der Ordnungsämter usw. Außerhalb der Landesgrenzen wird physische Gewalt durch den Staat vor allem durch seine Soldaten ausgeübt.

In ihrer leichtesten Form besteht Gewalt darin, dass man jemanden festhält, wegträgt, fesselt oder einsperrt. Doch das Spektrum ist weit. Es geht über die Zufügung von Schmerzen und Schlägen über grausame Folter bis hin zur Tötung. In einem demokratischen Rechtsstaat sind natürlich nicht alle Arten physischer Gewalt erlaubt. Folter ist verboten. Dagegen können schmerzhafte Polizeigriffe und Schlagstöcke eingesetzt werden, wenn es erforderlich ist. Jeder Polizist hat eine Pistole und manche Einheiten verfügen über Handgranaten und Panzerfahrzeuge. Im Rahmen der Gefahrenabwehr ist sogar die Tötung eines Störers erlaubt, wenn das die einzige Möglichkeit ist, das Leben Unschuldiger zu retten. Ganz wichtig: Die Ausübung physischer Gewalt muss verhältnismäßig sein (=geeignet, erforderlich und angemessen) und kann gerichtlich auf ihre Rechtmäßigkeit überprüft werden. Wenden die Sicherheitskräfte rechtswidrig Gewalt an, kommen Schadensersatz- und Schmerzensgeldansprüche in Betracht. Gewalt ist in unserer heutigen Gesellschaft aber nicht sonderlich populär. Alles soll friedlich sein – Gewalt ist keine Lösung. Auch in der Erziehung ist sie mittlerweile komplett verboten. Das Dilemma: Unerwünschte Verhaltensweisen und Gesetzesverstöße lassen sich im Extremfall nur mit Hilfe von Gewalt sicher verhindern. Ein gefesselter Schläger kann nicht weiter prügeln. Ein erschossener Terrorist sprengt keine Unschuldigen in die Luft. Tote Soldaten marschieren nirgends ein. Und letztlich beruht jede staatliche Ordnung auf der Anwendung von Gewalt, auch ein demokratischer Rechtsstaat. Als 1989 die Sicherheitskräfte der DDR das damalige System nicht mehr mit Gewalt verteidigten und die Gesetzesübertretungen der Protestierer und Demonstranten nicht mehr ahndeten, war es mit der Herrschaft der SED schnell vorbei. Und ohne die Fähigkeit, Gewalt auszuüben, kann man auch keine neue Verfassung in Kraft setzen. Daran scheiterte zum Beispiel die am 27.10.2017 vom Regionalparlament in Barcelona beschlossene Unabhängigkeit Kataloniens. Die spanische Regierung erklärte noch am selben Tag die Absetzung der katalanischen Regionalregierung sowie der Führungsspitze der katalanischen Polizei und einer Reihe von Spitzenbeamten. Das katalanische Parlament wurde aufgelöst, Neuwahlen wurden angesetzt. Und alle Menschen in Katalonien gehorchten. Die Unabhängigkeitsbefürworter um den abgesetzten Präsidenten der Autonomieregierung Carles Puigdemont fügten sich oder flohen ins Ausland. Es gab niemanden, der bereit und in der Lage war, die erklärte Unabhängigkeit mit Gewalt gegen die Vertreter der spanischen Zentralregierung durchzusetzen.

Geltendes Recht obsiegt nicht immer
Im Idealfall setzen die Sicherheitsbehörden das geltende Recht gegenüber jedermann durch, notfalls mit Gewalt. Doch das gelingt ihnen nicht immer.

Der Täter ist schneller Obwohl die Bürger keine Gewalt anwenden dürfen, kommt es trotzdem immer wieder zu Mord und Totschlag, Körperverletzungen, Vergewaltigungen und Raubüberfallen. Die Polizei kann das nicht verhindern, weil zu Beginn einer Gewalttat in der Regel kein Polizist unmittelbar vor Ort ist und auf den Täter physisch einwirken kann. Nur bei vorherigen Hinweisen auf Übergriffe kann die Polizei Präsenz zeigen und dadurch Gewalt oder andere Straftaten unterbinden. So hatte die Polizei in der Kölner Innenstadt in der Silvesternacht 2016/2017 mehr als 1700 Polizisten im Einsatz – und damit zehnmal so viel wie ein Jahr zuvor, als es massive sexuelle Übergriffe auf Frauen durch Gruppen junger Männer vornehmlich aus dem nordafrikanischen und arabischen Raum gab.

Will ein Täter gezielt Gewalt anwenden, dann macht er das dort, wo kein Polizist ist. Und die Polizei kann aus rein tatsächlichen Gründen nicht überall gleichzeitig sein. Zwar werden besonders gefährdete Gebäude oder Personen rund um die Uhr überwacht und auch die als besonders gefährlich eingestuften Personen haben die Sicherheitsbehörden ständig im Blick. Aber bereits da stößt die Polizei personell an ihre Grenzen. Denn um einen Gefährder rund um die Uhr zu überwachen, braucht man mindestens 20 Beamte. Für eine größere Zahl von Personen ist das schlicht nicht zu machen.

Manchmal ist der Gesetzesbrecher nicht greifbar Die persönliche Bestrafung eines Gesetzesübertreters scheitert auch dann, wenn der zu Bestrafende nicht erreichbar ist, zum Beispiel, weil er untergetaucht ist oder sich ins Ausland abgesetzt hat. So konnten in den Westen geflüchtete DDR-Bürger von den DDR-Behörden nicht mehr wegen Republikflucht bestraft werden. Andererseits entzogen sich bis zur Wiedervereinigung ca. 50.000 junge westdeutsche Männer straflos der Wehrpflicht, indem sie nach West-Berlin gingen. Die Kreiswehrersatzämter hatten dann keine Zugriffsmöglichkeiten mehr, da das Wehrpflichtgesetz dort aufgrund alliierter Vorbehalte nicht galt.

Im Ausland ist es für die Sicherheitsorgane generell schwieriger, einen Gesetzesbrecher zu ergreifen oder zu bestrafen. Im Inland haben Vollstrecker nämlich besondere Befugnisse. Sie dürfen Dinge tun, die die normalen Menschen nicht tun dürfen: Mit Blaulicht schneller fahren als alle anderen, Pistolen tragen und benutzen, Wohnungen und Telefone abhören, heimlich E-Mails lesen. Das führt oft dazu, dass untergetauchte Kriminelle schnell gefunden und festgenommen werden. Im Ausland ist die Situation anders. Der ausländische Staat hat seine eigenen Sicherheitsbehörden, die mit Sonderrechten ausgestattet sind. Und der ausländische Staat will, dass sich seine Polizisten gegen alle anderen Personen durchsetzen können. Deshalb haben die Behördenmitarbeiter eines Dritt-Staats im Ausland in der Regel keine Sonderbefugnisse. Sie müssen sich genauso an die vor Ort geltenden Gesetze halten wie alle anderen auch. Spanische Polizisten dürfen deshalb nicht einfach nach Belgien fahren und Carles Puigdemont gegen dessen Willen nach Spanien zurückholen.

Um zu verhindern, dass Gesetzesbrecher davon profitieren, helfen sich die Staaten in solchen Fällen aber häufig gegenseitig. Dann vollstrecken die eigenen Sicherheitsbehörden auf Antrag und Wunsch der ausländischen Vollstrecker, zum Beispiel, wenn ein internationaler Haftbefehl vorliegt. Zum Teil dürfen die Mitarbeiter der Sicherheitsbehörden sogar im Ausland tätig werden. Deutschland hat mit allen Nachbarstaaten bilaterale Abkommen zur grenzüberschreitenden Polizeiarbeit abgeschlossen. Deutsche Polizeibeamte dürfen deshalb zum Beispiel einen Täter verfolgen, der die Grenze nach Frankreich überschreitet bzw. überschritten hat.

Schwierig wird es, wenn es kein Auslieferungsabkommen zwischen zwei Staaten gibt. Normalerweise liefern die Staaten dann nicht aus. Prominentes Beispiel ist der britische Postzugräuber Ronald Biggs. Trotz der Verurteilung zu 30 Jahren Haft wegen des Überfalls am 8. August 1963 auf einen Postzug der Royal Mail wurde er von seinem Exil in Brasilien nicht an die britischen Behörden ausgeliefert. Erst als Biggs 2001 freiwillig nach Großbritannien zurückkehrte (nach mehreren Schlaganfällen und Herzinfarkten), wurde er für acht Jahre inhaftiert. Auch der ehemalige Vorstandsvorsitzende von

Volkswagen, Martin Winterkorn, profitiert von diesem Umstand. Winterkorn ist in den USA wegen den systematischen Manipulationen an Diesel-Motoren angeklagt. Ihm drohen 25 Jahre Haft. Allerdings wird ihn Deutschland nicht an die USA ausliefern, da er deutscher Staatsangehöriger ist und als solcher wegen Art. 16 Abs. 2 Grundgesetz grundsätzlich nicht an ein Land außerhalb der EU ausgeliefert werden darf.

Und es gibt noch andere Gründe, warum Staaten jemanden nicht ausliefern. So gewährt Russland dem ehemaligen CIA-Mitarbeiter und Whistleblower Edward Snowden seit 2013 Asyl. Die US-amerikanischen Strafverfolgungsbehörden haben dadurch keinen Zugriff auf Snowden. Da dieser streng geheime Informationen über die US-amerikanischen Programme zur Überwachung der weltweiten Internetkommunikation wie PRISM, Tempora oder XKeyscore an Journalisten weitergab, drohen ihm in den USA eine Anklage wegen Hochverrats und die Todesstrafe. Dasselbe gilt für den ehemaligen WikiLeaks-Sprecher Julian Assange. Die Enthüllungsplattform WikiLeaks hatte mehrfach interne Dokumente der US-Armee veröffentlicht, insbesondere zu den Kriegen in Afghanistan und im Irak. Auch Assange drohen deswegen eine Anklage in den USA und die Todesstrafe. Seit Juni 2012 befindet sich Assange in der Botschaft Ecuadors in London. Im August 2012 wurde ihm politisches Asyl gewährt. Auch auf ihn haben die US-Strafbehörden derzeit keinen Zugriff. Allerdings hat das britische Außenministerium angekündigt, dass Assange sofort verhaftet wird, sollte er die Botschaft verlassen.

Wenn die Ordnungskräfte unterliegen Wer gegen ein Gesetz verstößt, kommt vor Gericht und wird zu einer Strafe verurteilt. Ist das Urteil rechtskräftig, wird es vollstreckt. Meistens fügen sich die Verurteilten und treten ihre

Haft freiwillig an. Tun sie das nicht, wird ein Haftbefehl ausgestellt und die Fahndung eingeleitet. Gefährliche Verbrecher werden hoffentlich von Spezialkommandos überwältigt und zum Gefängnis transportiert. Polizisten sollen im Rahmen der Gefahrenabwehr zudem dafür sorgen, dass es gar nicht erst zu Gesetzesverstößen kommt und dass bereits begonnene Verstöße so schnell wie möglich wieder beendet werden. Auch in diesen Fällen sorgen die Sicherheitsorgane dafür, dass derjenige, der sich daran macht, ein Gesetz zu übertreten (oder es schon übertreten hat), nicht weiter unrechtmäßig handeln kann. Beispielsweise treten Polizisten im Entführungsfall die Wohnungstür ein, überwältigen den Entführer und befreien die Geiseln.

Das setzt natürlich voraus, dass die Mitarbeiter der Sicherheitsbehörden tatsächlich in der Lage sind, den körperlichen Widerstand der verurteilten Straftäter bzw. der potenziellen oder aktuellen Gesetzesübertreter zu brechen – notfalls mit Gewalt. Denn nur so kann man sicher dafür sorgen, dass derjenige nicht weiter gegen ein Gesetz verstößt bzw. dass die Strafe vollstreckt wird. Die Vollstrecker sind daher in der Regel gut ausgebildet und ausgerüstet. Sie lernen und trainieren regelmäßig, wie man körperliche Gewalt anwendet und physischen Widerstand effektiv und schnell bricht. Sie verfügen über Waffen und Hilfsmittel, die man als normaler Bürger gar nicht besitzen darf. Und sie sind gut organisiert und extrem mobil.

Dennoch gibt es Situationen, in denen die staatlichen Vollstrecker schwächer sind als ihre Gegner. Wenn ein Streifenpolizist als erster an den Ort eines Banküberfalls kommt, kann er alleine gegen eine Gruppe schwer bewaffneter Gangster nicht viel ausrichten. Denn obwohl verboten, können sich auch Gangster Waffen besorgen, mittlerweile sogar anonym und online im Darknet. Und auch das Wissen und die Ausbildung in Taktik,

Kommandoaktionen oder Selbstverteidigung ist kein exklusives Wissen der staatlichen Sicherheitskräfte. Gangster können deshalb ebenso gut ausgerüstet und ausgebildet sein wie die Sondereinsatzkommandos der Polizei. Folglich gibt es immer wieder auch Situationen, in denen die Sicherheitskräfte physisch unterlegen sind und die Gangster nicht daran hindern können, ein Gesetz zu umgehen. Im Gegenteil: Dann hindern die Gangster die Vollstrecker daran, das zu tun, was sie eigentlich wollen. Das ist das viel zitierte „Recht" des Stärkeren. Namentlich zu nennen sind hierbei vor allem die organisierte Kriminalität wie zum Beispiel die Mafia oder Rockerbanden und das breite Spektrum der Terroristen. Diese Gruppen sind zwar nicht in der Lage, sich gegen die staatlichen Vollstrecker auf Dauer und in jeder Situation durchzusetzen, aber das ist aus deren Sicht auch gar nicht erforderlich. Es genügt Ihnen schon, wenn sie im entscheidenden Moment stärker sind und dann später nicht erwischt werden.

Manchmal sind die Sicherheitskräfte auch unaufmerksam, zu langsam oder nicht konsequent genug. Am 21. Juni 1998 bewachte der französische Gendarm Daniel Nivel währen der Fußball-Weltmeisterschaft mit zwei Kollegen außerhalb des Stadtzentrums von Lens Einsatzfahrzeuge der Polizei. Als plötzlich deutsche Hooligans auftauchten, gelang es den Polizisten nicht mehr, ihre Gewehre mit Tränengas zu laden. Die beiden Kollegen flüchteten, Nivel blieb stehen. Daraufhin wurde er von den Hooligans zwei Minuten lang fast zu Tode geprügelt und getreten. Seitdem ist er schwerbehindert. Möglicherweise hätten Nivel und seine Kollegen den Angriff stoppen können, wenn sie rechtzeitig ihre Dienstwaffen scharf gemacht und geschossen hätten.

Die Horrorszenarien für die staatlichen Vollstrecker sind Terrorangriffe und Krieg. Denn dann sind die Gegner oft mindestens gleichwertig ausgerüstet und ausgebildet.

Und im Krieg geht es vornehmlich darum, die Kampfkraft der gegnerischen Vollstrecker zu brechen. Das geht am schnellsten und effektivsten, indem man die feindlichen Soldaten tötet. Im Krieg sind die staatlichen Vollstrecker daher nicht mehr die allen anderen überlegenen und respektierten Diener des Rechts, sondern ihnen geht es im wahrsten Sinne des Wortes selber an den Kragen. Und dann ist eben nicht klar, wer sich am Ende durchsetzt. Deshalb kann auch kein Staat die dauerhafte und vollständige Sicherheit und körperliche Unversehrtheit seiner Bürger garantieren. Denn es ist nie ausgeschlossen, dass ein anderer Staat einmarschiert oder sonstwie Gewalt gegen die Bevölkerung anwendet. So haben die USA seit 2004 in Pakistan mehrere hundert Drohnenangriffe auf vermeintliche Terrorverdächtige durchgeführt. Dabei wurden mehr als 2000 Menschen getötet – ohne Gerichtsverfahren. Natürlich verstößt das gegen pakistanische Gesetze. Doch die pakistanischen Sicherheitskräfte können nichts dagegen tun. Warum? Weil sie faktisch nicht in der Lage sind, das US-Militär daran zu hindern.

Schwierig wird es für die Sicherheitsbehörden auch dann, wenn ausländische Geheimdienste oder Spezialeinheiten verdeckt aktiv werden. So gelang es dem israelischen Mossad, viele der Palästinenser, die am Olympia-Attentat von München 1972 beteiligt waren, im Ausland aufzuspüren und zu töten. Und die CIA konnte mithilfe einer Spezialeinheit der Navy Seals am 02.05.2011 sogar Osama bin Laden, den Gründer und Anführer des Terrornetzwerks al-Qaida, in seinem Versteck in einem Vorort der nordpakistanischen Militärgarnisonsstadt Abbottabad „ausschalten". Die lokalen Sicherheitskräfte konnten diese Aktionen nicht verhindern.

Ein Staat kann nicht einmal dauerhaft sein Territorium für sich beanspruchen, wenn der Gegner stärker ist. So musste Saddam Hussein nach dem verlorenen zweiten

Golfkrieg die Einrichtung von Flugverbotszonen südlich des 33. und nördlich des 36. Breitengrades hinnehmen. Die irakischen Flugzeuge durften dort nicht mehr fliegen und sie haben sich daran gehalten. Warum? Weil die USA und ihre Verbündeten glaubhaft damit gedroht haben, jedes irakische Flugzeug abzuschießen, und weil der irakische Staat nicht in der Lage war, sie daran zu hindern. Auch die syrische Regierung konnte 2018 nicht verhindern, dass das türkische Militär die Grenze nach Syrien überschritt und gewaltsam gegen die Kurdenmiliz YPG vorging. Die Liste solcher Fälle ist lang und zieht sich durch die ganze Geschichte. Man denke nur an die Annexion der Krim durch Russland 2014. Immer wieder verlieren Sicherheitsbehörden die Kontrolle über ihr Staatsgebiet, weil sie der gegnerischen Gewalt nichts entgegensetzen können. In all diesen Fällen gilt: Macht ist stärker als Recht und Gewalt beugt das Gesetz.

9

Tarnen und täuschen – Die Grenzen des Rechts

> **Übersicht**
>
> Theoretisch ist in einem modernen Rechtsstaat die Gewaltenteilung klar und eindeutig geregelt. Jede der drei Gewalten hat ihre eigenen Aufgaben und Kompetenzen und respektiert die Befugnisse der anderen. Praktisch fordern Vertreter der einen Gewalt immer wieder die Kompetenzen der anderen Beteiligten heraus.

Mythos Gewaltenteilung

Gewaltenteilung bedeutet, dass die Staatsgewalt nicht in einer Hand vereint ist, sondern sich auf zumindest drei Bereiche verteilt. Der Gesetzgeber (Legislative) formuliert und erlässt die für alle verbindlichen Gesetze. Die Verwaltung (Exekutive) wendet die Gesetze an und setzt sie durch. Die Rechtsprechung (Judikative) entscheidet in Rechtsstreitigkeiten, wie die Rechtslage ist. Alle Gewalten sind rechtlich gebunden. Die Legislative muss beim Erlass neuer Gesetze die Verfassung beachten, für Exekutive und Judikative sind bei ihrem Handeln alle geltenden Gesetze verbindlich. Die Gewalten sollen sich gegenseitig kontrollieren, sodass es nicht zu einer unguten Konzentration von Macht kommt. Doch in der Realität ist die Sache nicht ganz so einfach. Denn die drei Gewalten sind fast nie wirklich sauber getrennt, weder personell noch funktionell. So sind zum Beispiel der Bundeskanzler und viele Bundesminister (Exekutive) zugleich Abgeordnete im Bundestag (Legislative). Die Minister (Exekutive) können Rechtsverordnungen erlassen (Legislative), manche Entscheidungen des Bundesverfassungsgerichts (Judikative) haben Gesetzeskraft (Legislative). Praktisch besonders bedeutsam ist die Frage, wer über die Zusammensetzung der jeweiligen Gewalt bestimmt. Das ist von Staat zu Staat unterschiedlich. In den USA werden die Kongressabgeordneten, Senatoren, der Präsident und manche Richter direkt vom Volk gewählt. Dagegen werden in Deutschland nur die Abgeordneten des Bundestags direkt gewählt. Der Bundeskanzler wird vom Bundestag gewählt und bestimmt die Bundesminister, die dann vom Bundespräsidenten ernannt werden. Die Bundesminister sind die Chefs der Ministerien und können den Beamten Anweisungen erteilen. Faktisch sind Legislative und Exekutive in Deutschland fest in der Hand der politischen Parteien. Zwar kann in einem Rechtsstaat jedes staatliche Handeln durch ein unabhängiges Gericht auf seine Rechts- und Verfassungsmäßigkeit hin überprüft werden. Allerdings gibt es einen wunden Punkt: Die Mitglieder der Judikative werden in Deutschland ausschließlich von den anderen Gewalten ernannt. Der Bundestag wählt die Richter an den obersten Bundesgerichten und am Bundesverfassungsgericht, die einfachen Richter werden von den Justizministerien der Länder eingestellt und befördert. Das bedeutet: Exekutive und Legislative entscheiden komplett alleine, welche Personen als Richter tätig werden und das Verhalten von Exekutive und Legislative kontrollieren. Und das ist nicht ungefährlich. Denn wenn sich der Kontrollierte seine Kontrolleure selbst aussuchen darf, besteht immer die Versuchung, dass er solche Personen bevorzugt, die ihm wohlwollend gegenüberstehen. Logische Konsequenz: Bei der Vergabe wichtiger Richterposten können das Parteibuch und die politische Überzeugung wichtiger sein als die fachliche Qualifikation.

Behörden tricksen Richter manchmal aus
In einem Rechtsstaat müssen sich alle Behörden an die Gesetze und an die Entscheidungen der Gerichte halten. Das ist allgemein anerkannt. Es kommt deshalb nur selten vor, dass Behörden eine rechtskräftige gerichtliche Entscheidung offen missachten. Doch auch das gibt es. So weigert sich zum Beispiel die Bayerische Staatsregierung seit 2014, ein rechtskräftiges Urteil des Verwaltungsgerichtshofs München umzusetzen. Dabei geht es um die Einleitung der notwendigen Schritte zur Einhaltung der Luftqualitätsgrenzen für das Dieselabgasgift Stickstoffdioxid, insbesondere die Vorbereitung von Diesel-Fahrverboten. Obwohl der Verwaltungsgerichtshof bereits ein Zwangsgeld in Höhe von 4000 EUR festgesetzt und ein weiteres Zwangsgeld in Höhe von 4000 EUR angedroht hat, erklärte der Bayerische Ministerpräsident Söder am 15.06.2018 ausdrücklich, den Beschluss des Gerichts auch weiterhin nicht zu erfüllen. Dieses Verhalten ist ganz klar rechtswidrig.

Doch es gibt auch weniger eindeutige Fälle. Manchmal versuchen Behörden nämlich, gerichtliche Entscheidungen mit mehr oder weniger kreativen Tricks zu umgehen.

So hat sich die Stadt Wetzlar im März 2018 geweigert, der NPD die Stadthalle für eine Wahlkampfveranstaltung zur Verfügung zu stellen, obwohl das Bundesverfassungsgericht per Eilbeschluss angeordnet hatte, dass die Stadt der NPD den Zutritt gewähren muss. Zuvor hatten bereits das Verwaltungsgericht Gießen und der VGH Kassel zugunsten der NPD entschieden und ein Zwangsgeld in Höhe von 7500 EUR verhängt und ein weiteres Zwangsgeld in Höhe von 10.000 EUR angedroht. Der Oberbürgermeister von Wetzlar, Manfred Wagner (SPD), begründete die Weigerung damit, dass die NPD die Mietbedingungen nicht erfüllt und keine ausreichenden Nachweise für Versicherungsschutz und den Sanitätsdienst vorgelegt habe.

Heiß diskutiert wurde im Sommer 2018 der Fall Sami A. Der 1997 zum Zweck des Studiums nach Deutschland eingereiste Tunesier Sami A. nahm Anfang 2000 in einem von Osama bin Laden betriebenen Lager von al-Quaida an einem militärischen Grundlehrgang teil und warb seitdem als salafistischer Prediger für die Errichtung eines islamischen Gottesstaats. Die Sicherheitsbehörden halten ihn für gefährlich. Die Stadt Bochum versuchte erstmals 2006, ihn auszuweisen, doch die Verwaltungsgerichte untersagten eine Abschiebung, weil sie der Ansicht waren, dass Sami A. in Tunesien Folter und unmenschliche Behandlung drohen würden. 2010 stellte das BAMF in einem Bescheid fest, dass für Sami A. ein Abschiebungsverbot nach Tunesien besteht. Dann kam der Arabische Frühling. Der bisherige tunesische Machthaber Ben Ali verließ Anfang 2011 das Land. Die Sicherheits- und Menschenrechtslage verbesserte sich wesentlich. 2014 widerrief das BAMF daher den Bescheid von 2010. Sami A. klagte erneut. 2016 gab ihm das Verwaltungsgericht Gelsenkirchen wieder Recht. Das Oberverwaltungsgericht Münster lehnte 2017 den Antrag des BAMF auf Zulassung der Berufung gegen das Urteil des Verwaltungsgerichts ab. Mit Bescheid vom 20.06.2018 widerrief das BAMF nochmals das im Jahr 2010 festgestellte Abschiebungsverbot. Zudem ordnete es die

9 Tarnen und täuschen – Die Grenzen des Rechts

sofortige Vollziehung an. Das hatte folgenden Hintergrund: Normalerweise hat die Klage gegen einen Bescheid aufschiebende Wirkung. Der Bescheid darf dann erst vollzogen werden, wenn über die Klage entschieden ist. Eine Behörde kann in bestimmten Fällen aber die sofortige Vollziehung anordnen. Dann darf der Bescheid auch schon vor einer Entscheidung des Gerichts vollstreckt werden. Allerdings kann der Betroffene im Rahmen eines Eilrechtsschutzverfahrens beantragen, die aufschiebende Wirkung der Klage wieder herzustellen. Das hat Sami A. natürlich gemacht.

Bis die Richter am Verwaltungsgericht über den Antrag auf Wiederherstellung der aufschiebenden Wirkung entschieden, war die von der Behörde angeordnete sofortige Vollziehung aber noch wirksam. Sami A. konnte also jederzeit abgeschoben werden. Ursprünglich war die Abschiebung für den 29.08.2018 terminiert. Aus der Akte des BAMF erfuhr die zuständige Richterin aber, dass Sami A. bereits am 12.07.2018 um 22.15 Uhr abgeschoben werden sollte. Da das Verwaltungsgericht immer noch nicht über den Antrag auf Widerherstellung der aufschiebenden Wirkung entschieden hatte, telefonierte sie am 11.07.2018 mit dem BAMF und bat um die Erteilung einer Stillhaltezusage. Das BAMF sollte also zusichern, dass Sami A. nicht vor einer Entscheidung des Verwaltungsgerichts abgeschoben wurde. Die Berichterstatterin erklärte, falls die Stillhaltezusage nicht bis zum 12.07.2018, 9.00 Uhr vorläge, behalte sich die Kammer den Erlass eines sogenannten Hängebeschlusses vor. Ein Hängebeschluss ist eine Zwischenentscheidung vor der endgültigen Entscheidung, mit der verhindert werden soll, dass durch eine vorzeitige Vollziehung schwere und nicht wieder rückgängig zu machende Nachteile für den Betroffenen geschaffen werden. Die Richter würden also formell beschließen, dass Sami A. bis zur Entscheidung über den Antrag auf Widerherstellung der aufschiebenden Wirkung nicht abgeschoben werden durfte. Daraufhin teilte das BAMF dem Verwaltungsgericht am 12.07.2018 um 8.53 Uhr schriftlich mit, es hätte sich telefonisch bei dem zuständigen Referat des Ministerium für Kinder, Familie, Flüchtlinge und Integration des Landes Nordrhein-Westfalen zu der für den 12.07.2018 angesetzten Rückführung erkundigt und erfahren, dass die betreffende Flugbuchung storniert worden sei. Daher sei eine Stillhaltezusage nicht erforderlich. Daraufhin erließ das Verwaltungsgericht keinen Hängebeschluss.

Insgeheim hatte das Ministerium für Sami A. aber bereits einen Flug am 13.07.2018 um 6.30 Uhr gebucht. Davon erfuhr die Richterin aber nichts, denn das Ministerium wollte Sami A. unbedingt abschieben und sah nun seine Chance gekommen.

Noch im Laufe des 12.07.2018 beschloss das Verwaltungsgericht, dass die aufschiebende Wirkung der Klage gegen den Bescheid vom 20.06.2018 wieder hergestellt wird. Der Bescheid durfte also vor Eintritt der Bestandskraft nicht vollstreckt werden. Eine Abschiebung von Sami A. war daher nicht (mehr) zulässig. Allerdings wird die Entscheidung eines Gerichts erst dann wirksam, wenn sie zugestellt wird. Dazu kam es aber an diesem Tag nicht mehr.

Die Abschiebung von Sami A. begann daher planmäßig am frühen Morgen des 13.07.2018. In diesem Zeitpunkt war die aufschiebende Wirkung noch nicht wieder hergestellt. Die angeordnete sofortige Vollziehung war noch immer wirksam, sodass Sami A. rechtmäßig abgeschoben werden konnte. Die Richter am Verwaltungsgericht faxten den Beschluss erst am 13.07.2018 um 8.09 Uhr an das BAMF und stellten zusätzlich um 8.14 Uhr über da Elektronische Gerichts- und Verwaltungspostfach zu. Der Stadt wurde der Beschluss per Computer-Fax um 8.15 Uhr

9 Tarnen und täuschen – Die Grenzen des Rechts

übermittelt. Um 8.44 Uhr machte die Stadt dem Ministerium eine entsprechende Mitteilung. Erst jetzt wurde der Beschluss wirksam. Damit war die Anordnung der sofortigen Vollziehung aufgehoben und die von Sami A. eingelegte Klage hatte wieder aufschiebende Wirkung. Das hieß: Er durfte nicht abgeschoben werden, bevor die Richter über die Klage entschieden hatten. Was nun? Sami A. war in diesem Moment bereits in tunesischem Luftraum. Weder die Stadt noch das BAMF oder das Ministerium informierten die Bundespolizei über den Beschluss des Verwaltungsgerichts oder verlangten, dass die Abschiebung abgebrochen wurde. Das Flugzeug landete um 9.08 Uhr. Um 9.14 Uhr wurde Sami A. an die tunesischen Behörden übergeben. Der zuständige Minister behauptete später, er habe die Abschiebung nicht gestoppt, weil er befürchtete, dadurch gegen internationales Recht zu verstoßen.

Juristisch sieht es so aus: Der Beschluss des Verwaltungsgerichts vom 12.07.2018 wurde erst mit Zustellung am 13.07.2018 um 8.14 Uhr wirksam. Der Beginn der Abschiebung war daher rechtmäßig. Denn in diesem Moment war die Anordnung der sofortigen Vollziehung der Rücknahme des Abschiebeverbots noch wirksam. Ab 8.14 Uhr war aber die aufschiebende Wirkung der Klage wieder hergestellt. Sami A. durfte also nicht mehr abgeschoben werden. In diesem Moment war die Abschiebung von Sami A. auch noch nicht beendet. Die Stadt hätte beim BAMF und dem Ministerium deshalb darauf drängen müssen, die Abschiebung abzubrechen und Sami A. nicht den tunesischen Behörden zu übergeben. Das hat sie nicht getan. Die Abschiebung war also rechtswidrig. Das wird von keinem Juristen ernsthaft bestritten. Dennoch entbehrt die im Ministerium ausgeheckte Strategie nicht einer gewissen Bauernschläue. Denn wäre die Abschiebung beendet gewesen, bevor der Beschluss des Verwaltungsgerichts um 8.14 Uhr zugestellt wurde, wäre der Beschluss noch nicht wirksam und die Abschiebung damit unstreitig legal gewesen.

Die grundsätzliche Frage ist aber: Dürfen Behörden solche Tricks nutzen, um ein zwar legales, aber dem Geist der Gesetze widersprechendes Ergebnis zu erreichen? Oder sollen Behörden immer aktiv mithelfen, den Willen der Richter zu verwirklichen? Müssen Behörden von sich aus bestimmte Informationen offenbaren? Zwar könnte man durchaus eine Art Treuepflicht der drei Gewalten annehmen. Aber dann müsste man eine solche Nachfragepflicht zwischen den Gewalten konsequenterweise in allen Fällen bejahen. Dann müssten die Richter am Bundesgerichtshof und am Bundesverfassungsgericht zumindest in wichtigen Fällen beim Bundestag als Gesetzgeber anfragen, wie dieser ein bestimmtes Gesetz auslegen würde. Das verlangt aber, soweit ersichtlich, bis heute niemand. Zumal es die Richter selbst in der Hand haben, tricksende Behörden in die Schranken zu weisen. Sie müssten nur gezielt bei den Behörden nachfragen, dürften sich nicht mit ausweichenden Antworten zufriedengeben und müssten im Zweifel sicherheitshalber einen Hängebeschluss erlassen.

Richterrecht

Im Gegenzug nimmt es aber auch nicht jeder Richter mit der klassischen Gewaltenteilung ganz so eng. Denn gar nicht so selten schwingen sich Richter selbst zum Gesetzgeber auf oder handeln entgegen dem ausdrücklich erklärten Willen des Gesetzgebers. Bekannte Fälle sind:

Schadensersatz bei Verletzungen des allgemeinen Persönlichkeitsrechts In § 253 Abs. 1 BGB heißt es: „Wegen eines Schadens, der nicht Vermögensschaden ist, kann Entschädigung in Geld nur in den durch das Gesetz bestimmten Fällen gefordert werden." Verletzungen des allgemeinen

Persönlichkeitsrechts gehören nach dem Willen des Gesetzgebers nicht dazu. Dennoch haben die Richter am Bundesverfassungsgericht die anderslautenden Entscheidungen der Zivilgerichte akzeptiert[1]. Begründung: Ohne adäquate Sanktionen wäre der Persönlichkeitsschutz unzulänglich.

Nicht rechtsfähiger Verein § 54 Satz 1 BGB bestimmt ausdrücklich, dass auf Vereine, die nicht rechtsfähig sind, die Vorschriften über die Gesellschaft bürgerlichen Rechts (§§ 705 ff. BGB) angewendet werden sollen. Doch diese Anordnung wird von den Richtern seit langem komplett ignoriert. Entgegen dem ausdrücklichen Willen des Gesetzgebers wenden sie auch für nicht rechtsfähige Vereine die Vorschriften an, die für rechtsfähige Vereine gelten. Begründung: Mit dieser Regelung wollte der ursprüngliche Gesetzgeber politische Parteien und Gewerkschaften kontrollieren (diese sind traditionell als nicht rechtsfähige Vereine organisiert). Das sei aber mit der durch Art. 9 GG geschützten Vereinigungsfreiheit nicht vereinbar.

Solche offenen Gesetzesumgehungen kommen aber nicht jeden Tag vor. Sehr viel häufiger wird der Wille des Gesetzgebers durch scheinbar juristisch korrekte Praktiken ausgehebelt:

Analogie Will ein Richter die Rechtsfolge der Norm anwenden, obwohl der Sachverhalt die Tatbestandsvoraussetzungen nicht erfüllt, kann er das gewünschte Ergebnis mithilfe einer analogen Anwendung der Norm erreichen. Voraussetzung dafür sind eine planwidrige Regelungslücke und eine vergleichbare Interessenlage. Zur Rechtfertigung

---

[1]BVerfG, 14.02.1973, 1 BvR 112/65, BVerfGE 34, 269–293.

für dieses Vorgehen wird angeführt: „Wenn der Gesetzgeber diesen Fall bedacht hätte, hätte er gewollt, dass die Rechtsfolge auch hier eintritt."

Teleologische Reduktion Möchte ein Richter die Rechtsfolge einer Norm nicht anwenden, obwohl der Sachverhalt die Tatbestandsvoraussetzungen erfüllt, kann er das gewünschte Ergebnis mithilfe einer „teleologischen Reduktion" erreichen. Dazu behauptet er, aus dem Sinn und Zweck der Norm ergebe sich, dass die Norm zu weit gefasst und deshalb auf den vorliegenden Fall nicht anzuwenden ist. Dadurch wird der Anwendungsbereich der Norm reduziert. Zur Rechtfertigung für dieses Vorgehen wird angeführt: „Wenn der Gesetzgeber diesen Fall bedacht hätte, hätte er nicht gewollt, dass die Rechtsfolge hier eintritt."

Rechtsergänzung Bei der Rechtsergänzung erfindet der Richter völlig neue Rechtsnormen. Ein bekanntes Beispiel ist das Arbeitsrecht, in dem viele Regeln durch die Rechtsprechung des Bundesarbeitsgerichts geschaffen wurden. Zur Rechtfertigung für dieses Vorgehen wird angeführt: „Wenn ein Bereich rechtlich nicht geregelt ist, muss der Richter die erforderlichen Gesetze selbst verordnen. Würde er nur den Einzelfall entscheiden, ohne zugleich eine allgemeine Regel aufzustellen, würde das zu Rechtsunsicherheit führen und gegen den Gleichheitsgrundsatz verstoßen."

Problematisch an diesen juristischen Tricks ist, dass die Kriterien, unter denen Analogie, teleologische Reduktion oder Rechtsergänzung zulässig sein sollen, sehr abstrakt, vage und unklar sind. Wer damit argumentiert, begibt sich meistens völlig in den Bereich des Spekulativen. Zum einen ist es schon schwierig, überhaupt zu bestimmen, wer eigentlich Gesetzgeber war – gerade in einer parlamentarischen Demokratie sind an der Gesetzgebung nicht selten

9 Tarnen und täuschen – Die Grenzen des Rechts

mehrere Hundert Menschen beteiligt. Für die Behauptung, dass diese Menschen den aktuellen Sachverhalt so geregelt hätten, dass die Rechtsfolge der Norm anwendbar sein soll, gibt es in der Regel keine realen Anknüpfungstatsachen. Niemand kann wissen, wie die damals an der Gesetzgebung beteiligten Personen heute entscheiden würden. Nur, weil der historische Gesetzgeber bei bestimmten Sachverhalten eine Rechtsfolge zur Anwendung kommen lassen wollte, folgt daraus nicht zwangsläufig, dass er das auch bei anderen Sachverhalten getan hätte, selbst wenn sie scheinbar ähnlich sind. Dasselbe gilt für die Begründung einer teleologischen Reduktion oder einer Ergänzung des Rechts. Auch hier wird man nur selten irgendwelche greifbaren tatsächlichen Anhaltspunkte in der Realität finden.

Die Richter rechtfertigen ihr Vorgehen deshalb zusätzlich damit, dass sie jeden Fall entscheiden müssten, auch wenn es keine passenden Gesetze gibt. Doch jeder Fall kann auch ohne die analoge Anwendung einer Norm entschieden werden. Gibt es keine Anspruchsgrundlage, wird die Klage eben abgewiesen. Diese Konsequenz mag man im Einzelfall für nicht glücklich halten oder sogar als ungerecht empfinden – dennoch folgt daraus offenkundig nicht, dass die analoge Anwendung von Normen zwingend notwendig ist. Am Ende bleibt allein das Argument, dass es ohne Rechtsfortbildung zu ungerechten Ergebnissen kommen würde:

> Richterliche Tätigkeit besteht nicht nur im Erkennen und Aussprechen von Entscheidungen des Gesetzgebers. Die Aufgabe der Rechtsprechung kann es insbesondere erfordern, Wertvorstellungen, die der verfassungsmäßigen Rechtsordnung immanent, aber in den Texten der geschriebenen Gesetze nicht oder nur unvollkommen zum Ausdruck gelangt sind, in einem Akt des bewertenden Erkennens, dem auch willenhafte

Elemente nicht fehlen, ans Licht zu bringen und in Entscheidungen zu realisieren ... Dem unter Entscheidungszwang stehenden Richter kann deshalb kein Vorwurf gemacht werden, wenn er zu der Überzeugung gelangt, er dürfe nicht im Vertrauen auf eine noch ganz ungewisse künftige Intervention des Gesetzgebers formale Gesetzestreue auch um den Preis einer erheblichen Einbuße an Gerechtigkeit im Einzelfall üben[2].

Das kann man so sehen. Aber ist es wirklich Aufgabe der Richter, das zu ändern? In einem auf Gewaltenteilung aufbauenden Rechtsstaat ist für den Erlass der Gesetze die Legislative zuständig und nicht die Judikative. Das Argument, dass das zu lange dauere, ist nicht zwingend. Denn gerade die Euro-Rettung zeigte, dass der Gesetzgeber auch äußerst komplexe Gesetze in wenigen Tagen durchpeitschen kann, wenn er nur will. Und eines darf man nicht vergessen: Wenn Richter eigenmächtig Recht schaffen, gibt es immer auch einen Prozessbeteiligten, der dadurch benachteiligt wird.

Warum machen die das?
Über die Motivation der Richter und Behördenmitarbeiter kann man nur spekulieren. Sicher handeln viele gutgläubig und meinen, das müsse von Rechts wegen so sein. Andere fühlen sich vielleicht dazu berufen, selbst für Gerechtigkeit zu sorgen, wenn es kein anderer macht. Und wahrscheinlich spielen auch noch andere subjektive Motive eine Rolle. Politiker wollen im Wahlkampf punkten. Richter möchten durch spektakuläre Urteile Rechtsgeschichte schreiben. In der Ausländerbehörde ärgert

---

[2]BVerfG, 14.02.1973, 1 BvR 112/65, Rn. 38, 44, zitiert nach juris.de.

9 Tarnen und täuschen – Die Grenzen des Rechts

man sich darüber, dass Richter immer wieder sogar die Abschiebung von schwerstkriminellen Straftätern verhindern.

Ob das dann im Ergebnis funktioniert, ist eine andere Frage. Aber Probieren geht über Studieren und größere Risiken bringt das für die handelnden Personen nicht mit sich. Weder die Richter noch die tricksenden Behördenmitarbeiter haben Sanktionen zu befürchten. Denn natürlich brüstet sich keiner öffentlich damit, die Gewaltenteilung zu missachten. Das würde nämlich unter Umständen zu disziplinarischen Maßnahmen führen. Stattdessen wird immer eine Begründung vorgeschoben, die man noch juristisch korrekt als rechtmäßig bewerten kann. Die Entscheidungen der Richter werden deshalb schlimmstenfalls von der nächsten Instanz wieder aufgehoben. Wenn Behörden tricksen, passiert in der Regel gar nichts. Missachten sie offen eine Gerichtsentscheidung, kann der Richter zwar ein Zwangsgeld festsetzen. Das bezahlt dann aber die Behörde und nicht der konkret handelnde Beamte. Letztlich kommt das Geld vom Steuerzahler und wandert über die Gerichtskasse wieder zum Staat zurück. Behörden kann man mit Zwangsgeldern deshalb kaum beeindrucken. Und für die Anordnung von persönlichen Konsequenzen wie Zwangshaft gibt es derzeit keine ausdrückliche Rechtsgrundlage. Der Verwaltungsgerichtshof München will deshalb zwar beim Europäischen Gerichtshof (EuGH) anfragen, ob sich aus EU-Recht eine Rechtsgrundlage ergibt, mit der gegen die handelnden Personen und verantwortlichen Politiker Zwangshaft verhängt werden kann. Theoretisch könnte ein Richter das also auch jetzt schon machen (einfach indem er das EU-Recht von sich aus entsprechend auslegt). Allerdings traut sich das keiner. Und praktisch wird es dazu wohl schon deshalb nie kommen, weil Zwangshaft gegen Politiker von der Verwaltung durchgesetzt werden müsste. Und an der Spitze der Verwaltung steht immer ein Politiker. Anders herum gilt natürlich das Gleiche. Ein Gesetz, das Richter bestraft, wenn sie eigenmächtig Richterrecht schaffen, würde vermutlich vom Bundesverfassungsgericht für nichtig erklärt werden. Oder die Richter würden das Gesetz so auslegen, dass es wie beim Tatbestand der Rechtsbeugung kaum jemals zu einer Verurteilung kommt.

Die Machtfrage
Letztlich geht es bei gewaltenübergreifendem Verhalten von Amtsträgern immer um die Frage: Wie viel Macht und Befugnisse bin ich bereit, dem jeweils betroffenen anderen Amtsträger zuzugestehen? Das Ganze kulminiert in dem Moment, in dem sich ein Machtwechsel anbahnt. Gibt es dann wie von der Verfassung vorgesehen eine freiwillige und friedliche Übergabe der Amtsgeschäfte? Oder widersetzen sich die bisherigen Machthaber?

Und diese Frage stellt sich nicht erst dann, wenn die Menschen eine neue Regierung gewählt haben. Schon lange vorher haben die Politiker der etablierten Parteien faktisch die Möglichkeit, eine neue politische Kraft zu behindern und klein zu halten. In den meisten Fällen genügt es, eine neue Partei einfach zu ignorieren. Wer nicht in die Medien kommt, wird nicht wahrgenommen und auch nicht gewählt. Zudem kann man Newcomer durch geschickt formulierte Gesetze ganz erheblich behindern. Sei es, indem man ihnen nicht genauso viel Geld aus der Staatskasse gibt, wie den etablierten Parteien. Oder indem man durch eine Sperrklausel wie die Fünf-Prozent-Hürde verhindert, dass kleinere Parteien ins Parlament einziehen und dadurch öffentliche Aufmerksamkeit erhalten. Bleibt der Erfolg einige Jahre aus, zerlegen sich solche neuen politischen Gruppen meistens ganz von selbst.

9 Tarnen und täuschen – Die Grenzen des Rechts

Gelegentlich kommt es aber trotzdem vor, dass neue politische Kräfte trotz aller Widerstände groß werden. Meistens passen sich ihre Funktionäre im Lauf der Zeit an und fügen sich in das bisherige politische System ein. Nach ein paar Jahren oder Jahrzehnten kennt man sich und hat kein Problem, ihnen auch mächtigere Ämter zu überlassen. So stellen grüne und linke Politiker mittlerweile nicht nur Landes- und Bundesminister, sondern in je einem Bundesland sogar den Ministerpräsidenten.

Doch was ist, wenn eine neue Partei sehr schnell bei Wahlen immer größeren Zulauf erhält und die bisherigen Amtsträger um jeden Preis verhindern wollen, dass sie eines Tages an die Macht kommt? Dann muss man differenzieren. Befürchten die bisherigen Amtsträger ernsthaft, dass die neue Partei die Demokratie abschaffen und bestimmte Menschen erheblich benachteiligen wird? Dann sieht normalerweise jede Verfassung bestimmte Werkzeuge vor, um das zu verhindern. In Deutschland kann man eine solche Partei zum Beispiel vom Bundesverfassungsschutz beobachten und bei Bedarf vom Bundesverfassungsgericht verbieten lassen. Die gewählten Abgeordneten verlieren dann alle Mandate und das Vermögen der Partei wird eingezogen. Klappt das nicht, zum Beispiel weil sich die Verfassungsrichter nicht auf ein Verbot einigen können, dann stellt sich die Frage: Soll man den Machtverlust akzeptieren oder dagegen ankämpfen? Denn solange die Amtsgeschäfte noch nicht offiziell übergeben wurden, haben die bisher regierenden Parteien immer noch effektive Mittel, die unliebsame Konkurrenz von der Macht fern zu halten. Mithilfe sogenannter Gummiparagrafen (diffuse und bewusst unklar definierte Straftatbestände wie „Wehrkraftzersetzung" oder „konterrevolutionäre Umtriebe") kann man die gegnerischen Politiker und ihre Anhänger kriminalisieren und wegsperren. Wer sich mit einem Machtwechsel partout nicht abfinden will, wird zum Machiavellisten und manipuliert Wahlen oder schaltet die führenden Köpfe des Gegners aus. Und wenn es gar nicht anders geht, ruft man den Notstand aus, zieht die bewaffneten Sicherheitskräfte auf seine Seite und putscht.

Das klingt jetzt schon ein wenig dramatisch, oder? In unserem normalen Alltag können wir uns so etwas gar nicht wirklich vorstellen. Und im Normalfall kommt es dazu ja auch nicht. Doch man sollte sich zumindest auch theoretisch mal mit dem Ernstfall beschäftigt haben. Denn manchmal ist es objektiv vielleicht gar nicht das schlechteste, wenn ein Amtsträger aus egoistischen Motiven handelt, oder bewusst die Grenzen der Gewaltenteilung überschreitet. Denn keine Verfassung kann eine sogenannte legale Revolution mit absoluter Sicherheit verhindern.

10

Legal oder illegal? – Das Ende des Gesetzes

> **Übersicht**
>
> Theoretisch gilt eine Verfassung so lange, bis das Volk eine neue beschließt. Das Grundgesetz ist eine wehrhafte Demokratie und bietet die notwendigen Werkzeuge, um Verfassungsfeinde in Schach zu halten. Praktisch ist eine legale Revolution immer möglich. Man braucht dazu nur eine Mehrheit im Bundestag und kooperative Richter am Bundesverfassungsgericht.

Jedes Gesetz kann außer Kraft treten
Jedes Gesetz und damit auch jede Verfassung können außer Kraft treten. Dazu müssen sie nicht einmal förmlich aufgehoben werden. Es genügt schon, dass die Menschen ihr Verhalten nicht mehr nach dem Gesetz oder der bisherigen Verfassung ausrichten. Und dazu kann es auf verschiedenen Wegen kommen.

Bei den gewalttätigen Varianten wie Putsch, Revolution oder (Bürger-)Krieg verstoßen die Gegner der Regierung immer gegen diverse der bis dato geltenden staatlichen Gesetze – von Widerstand gegen die Staatsgewalt über Mord und Totschlag bis hin zur Bildung einer terroristischen Vereinigung und Hochverrat. Ist das Unternehmen erfolgreich, gelingt es der Regierung aber nicht mehr, die bisherige Rechtsordnung auf dem gesamten Territorium durchzusetzen. Sie verliert die Kontrolle über einen mehr oder weniger großen Teil des Staatsgebiets. Dass die Revolutionäre und Putschisten illegal handeln, spielt keine Rolle. Sobald sie in der Lage sind, ihre eigenen Regeln, Vorschriften und Gesetze in einem bestimmten Gebiet durchzusetzen, gelten diese dort.

Um das zu verhindern, sollte man potenziellen Revolutionäre und Putschisten auf jeden Fall glaubhaft versichern, dass sie hart bestraft werden. Zudem sollte die Mehrheit der einfachen Menschen davon überzeugt sein, dass die aktuelle Verfassung gut ist und Frieden, Freiheit und Wohlstand für alle sichert. Und ganz wichtig: Die Menschen müssen glauben, dass sie die aktuelle Verfassung selbst gewollt haben. Dazu empfiehlt es sich, rechtzeitig eine Volksabstimmung über die Verfassung durchzuführen. Denn das Argument „90 % der Stimmberechtigten haben für die Verfassung gestimmt" wirkt bei den meisten. Der Glaube, dass der Wille der Mehrheit gilt, ist bei fast allen Menschen tief verankert. Und nach einiger Zeit verblasst die Erinnerung daran, unter welchen Umständen die Verfassung tatsächlich in Kraft gesetzt wurde. So war es beim Grundgesetz und vermutlich wird auch in 30 Jahren niemand mehr danach fragen, ob es wirklich frei und demokratisch zuging, als Recep Tayyip Erdogan 2017 die neue türkische Verfassung durch eine Volksabstimmung bestätigen und sich anschließend als Präsident wählen ließ.

10 Legal oder illegal? – Das Ende des Gesetzes

Für den harten Kern des Widerstands muss man auf Sanktionen zurückgreifen. Die Verhinderung eines gewaltsamen Umsturzes oder Putsches ist deshalb Aufgabe der Sicherheitskräfte, also vor allem der Polizei und der Geheimdienste. Für die Abwehr eines Angriffs von außen sind Bundeswehr und NATO zuständig.

Doch eine Verfassung kann nicht nur gewaltsam und illegal beseitigt werden. Das Gegenstück ist die sogenannte legale Revolution, bei der scheinbar alles nach Recht und Gesetz abläuft. Das klassische Beispiel dafür ist das „Gesetz zur Behebung der Not von Volk und Reich" der Nationalsozialisten vom 24.03.1933. Darin wurde festgelegt, dass Gesetze künftig nicht nur vom Parlament beschlossen werden können, sondern auch von der Regierung, und dass diese Gesetze von der Reichsverfassung abweichen dürfen. Um dieses sogenannte Ermächtigungsgesetz legal beschließen zu können, mussten nach Art. 76 der damals geltenden Weimarer Reichsverfassung (WRV) mindestens zwei Drittel der Mitglieder des Reichstags anwesend sein und davon mussten mindestens zwei Drittel zustimmen. Der Reichstag hatte damals 647 Abgeordnete, zwei Drittel davon sind 432. Es durften also nicht mehr als 215 fehlen. SPD und KPD waren gegen das Gesetz und stellten 201 Abgeordnete. Im Zentrum (73 Abgeordnete) und in der Bayerischen Volkspartei (19 Abgeordnete) war das Gesetz umstritten. Das Gesetz wäre daher schon dann gescheitert, wenn von diesen 92 Abgeordneten nur 15 gefehlt hätten. Um dieses Risiko auszuschalten, besann sich die Reichsregierung auf den juristischen Kunstgriff der Fiktion und beantragte vor der Abstimmung über das Ermächtigungsgesetz eine Änderung der Geschäftsordnung. Als anwesend im Sinne von Art. 76 Abs. 1 Satz 2 WRV sollten danach auch die

Abgeordneten gelten, die ohne Entschuldigung einer Reichstagssitzung fernbleiben, insbesondere auch diejenigen, die bereits verhaftet wurden oder geflohen waren. Dieser Änderung der Geschäftsordnung stimmten außer der SPD und der KPD alle anderen Parteien zu. Letztlich kam es darauf aber gar nicht an. Denn das Ermächtigungsgesetz erhielt schließlich aus dem Stand 444 Ja-Stimmen und damit die für eine Verfassungsänderung erforderliche Mehrheit. Der weitere Verlauf der Geschichte ist bekannt. Doch wäre so etwas heute wieder möglich?

Legale Revolution
Das Grundgesetz beruft sich selbst auf die Lehre von der verfassunggebenden Gewalt des Volkes. Danach bleibt das Recht des Volkes zur Verfassunggebung auch nach Schaffung einer Verfassung dauerhaft bestehen, denn die verfassunggebende Gewalt ist nicht an eine von ihr geschaffene Verfassung gebunden. Das ist auch logisch. Denn wer sollte sonst das Recht haben, bei Bedarf eine neue Verfassung in Kraft zu setzen? Nimmt man das Prinzip der Volkssouveränität und die Lehre von der verfassunggebenden Gewalt des Volkes ernst, kann ein neuer verfassunggebender Akt deshalb grundsätzlich nicht illegal sein.

Allerdings sind scharfsinnige Juristen auf die Idee gekommen, dass der Verfassungsgeber wegen seiner Omnikompetenz in der von ihm in Kraft gesetzten Verfassung auch anordnen kann, dass die staatlichen Behörden (=die verfassten Gewalten) eine Beseitigung dieser Verfassung verhindern sollen, selbst wenn diese vom Volk ausgeht. Liegt eine solche Anordnung vor, müssten die Sicherheitskräfte eine Verfassungsneugebung verhindern – und zwar so lange, bis die verfassunggebende Gewalt diese Anordnung wieder zurücknimmt. Die verfassten Gewalten

10 Legal oder illegal? – Das Ende des Gesetzes

müssten daher schon die Vorbereitung einer verfassungswidrigen Verfassungsgebung verhindern und die Einberufung einer verfassunggebenden Nationalversammlung oder die Durchführung einer Volksabstimmung über eine neue Verfassung verbieten. Das Volk als Inhaber der verfassunggebenden Gewalt müsste sich erst gegenüber der bestehenden Ordnung faktisch durchsetzen, was eine neue Verfassungsgebung natürlich wesentlich erschwert. Nimmt man die Lehre von der verfassunggebenden Gewalt wirklich ernst, wonach der Inhaber der verfassunggebenden Gewalt in der Verfassung jede beliebige Regelung treffen kann, bestehen gegen diese Ansicht aber keine grundsätzlichen Einwände. Den verfassten Gewalten kann daher aufgegeben werden, eine künftige Verfassungsgebung als illegal zu bewerten und diese zu verhindern. Doch das Grundgesetz enthält keine solche Bestimmung.

Deshalb behaupten manche Juristen, dass der Verfassungsgeber eine künftige Verfassungsgebung immer als illegal bewertet wissen will, wenn in der von ihm geschaffenen Verfassung Regelungen für eine Änderung der Verfassung enthalten sind. Denn darauf folge, dass nach dem Willen des Verfassungsgebers neues Verfassungsrecht nur auf diese Weise geschaffen werden dürfe. Doch das ist reine Spekulation. Zum einen richten sich die Vorschriften zur Verfassungsänderung nur an die verfassten Gewalten, die im Rang unter dem Verfassungsgeber stehen[1]. Durch die Möglichkeit der Verfassungsänderung wird objektiv zunächst nur ein praktikabler Weg geschaffen, die Verfassung an künftige Entwicklungen anzupassen. Dass sich der Verfassungsgeber damit zugleich die Möglichkeit nehmen wollte, in Zukunft erneut tätig zu werden, ist nicht ersichtlich. Denn sonst würde sich die

---

[1] BVerfG, 23.10.1951, 2 BvG 1/51, Rn. 21, zitiert nach juris.de.

verfassunggebende Gewalt ja für immer an eine bestimmte Verfassung binden. Und warum sollte sie das tun?

Anders ist die Sache, wenn in der Verfassung selbst ein Ablösungsvorbehalt vorgesehen ist. Dann macht der Verfassungsgeber deutlich, dass er unter bestimmten Voraussetzungen seinen Normanwendungsbefehl bezüglich der Verfassung zurücknimmt. Es liegt nahe, dass das aber nur dann gilt, wenn die Voraussetzungen des vorhandenen Ablösungsvorbehalts erfüllt sind. Aus Sicht einer Verfassung, die einen Ablösungsvorbehalt enthält, sind daher alle Fälle künftiger Verfassungsgebung, die nicht den Voraussetzungen des Ablösungsvorbehalts entsprechen, illegal. Das klingt plausibel, denn sonst wäre die Einfügung nur eines konkreten Ablösungsvorbehalts sinnlos.

Nach Ansicht der Richter am Bundesverfassungsgericht und der meisten Juristen enthält das Grundgesetz in Art. 146 einen solchen Ablösungsvorbehalt[2]:

> Dieses Grundgesetz ... verliert seine Gültigkeit an dem Tage, an dem eine Verfassung in Kraft tritt, die von dem deutschen Volke in freier Entscheidung beschlossen worden ist.

Das Grundgesetz tritt also außer Kraft, wenn das deutsche Volk in freier Entscheidung eine neue Verfassung beschließt. Konkret heißt das: Alle erwachsenen deutschen Staatsangehörigen müssen abstimmen können und es darf kein unzulässiger Druck auf die Stimmberechtigten ausgeübt werden. Insoweit gelten dieselben Voraussetzungen wie bei jeder demokratischen Wahl oder Abstimmung. Fraglich ist nur, in welcher Form die neue Verfassung

---

[2]BVerfG, 30.06.2009, 2 BvE 2/08, Rn. 228, 232, zitiert nach juris.de.

beschlossen werden muss. Art. 146 GG schreibt kein bestimmtes Verfahren vor. Da sich das Grundgesetz in der Präambel aber ausdrücklich auf die Lehre von der verfassunggebenden Gewalt bezieht, sind jedenfalls zwei Wege möglich: Entweder wählen die stimmberechtigten Deutschen die Mitglieder einer verfassunggebenden Versammlung, die dann die Verfassung ausarbeitet und beschließt. Oder es gibt eine Volksabstimmung. Und jetzt wird es spannend. Denn nirgends steht geschrieben, dass der Beschluss über die neue Verfassung nur von gewählten Politikern initiiert und organisiert werden darf. Theoretisch könnte man das also auch privat machen. Wenn zum Beispiel ein findiger Internetmilliardär oder ein größerer Konzern friedlich eine private Volksabstimmung organisiert und durchführt, bei der die absolute Mehrheit der Stimmberechtigten für den vorgelegten Verfassungsentwurf mit Ja stimmt, dann könnte man das mit guten Gründen juristisch korrekt als Beschluss im Sinne von Art. 146 GG bewerten. Praktisch würde es aber wahrscheinlich eher so laufen wie beim Unabhängigkeitsreferendum 2017 in Katalonien. Die Bundesregierung und andere Gegner einer neuen Verfassung würden mit Sicherheit versuchen, eine solche Abstimmung zu verhindern, notfalls mit Gewalt. Dagegen könnten sich die Organisatoren vor Gericht wehren. Letztlich würden dann die Richter am Bundesverfassungsgericht entscheiden, welchen Anforderungen der Beschluss im Sinne von Art. 146 GG genügen muss und wer ihn organisieren darf.

Es hängt am Bundesverfassungsgericht

Genau wie alle Richter haben auch die Richter am Bundesverfassungsgericht einen erheblichen Entscheidungsspielraum. Das wird noch dadurch verstärkt, dass es im Verfassungsrecht nur wenige geschriebene Regeln gibt. Das Grundgesetz ist relativ kurz, die Grundrechte sind in gerade einmal 20 Artikeln zusammengefasst. Die Verfassungsrichter sind bei den meisten Entscheidungen deshalb sehr frei in ihrer Rechtsfindung. Und die Verfassungsrichter nutzen diesen Gestaltungsspielraum auch gerne. So haben sie zum Beispiel das im Grundgesetz nicht aufgeführte Grundrecht auf informationelle Selbstbestimmung erfunden[3], die Einführung eines dritten Geschlechts durchgesetzt[4] und entschieden, dass jeder, der sich in Deutschland aufhält, Anspruch auf die Gewährleistung eines menschenwürdigen Existenzminimums hat[5].

Selbstverständlich hätten die Verfassungsrichter auch ganz anders entscheiden können. Sie hätten juristisch korrekt begründen können, dass das Grundgesetz Vorrang gegenüber EU-Recht hat. Sie hätten die Maßnahmen zur Banken- und Eurorettung genauso verhindern können wie die Einführung des Euro, die Schaffung der EU durch den Vertrag von Maastricht oder die Auslandseinsätze der Bundeswehr. Andererseits hätten die Verfassungsrichter bestimmen können, dass es zulässig ist, entführte Flugzeuge abzuschießen und Mörder tatsächlich bis an ihr Lebensende im Gefängnis schmoren zu lassen. Und theoretisch geht sogar noch sehr viel mehr: Das Bundesverfassungsgericht könnte unter Berufung auf allgemeine Rechtsgrundsätze, das Sozialstaatsprinzip oder die Menschenwürde entscheiden, dass Zinsen verfassungswidrig sind, dass der Staat den Bürgern maximal 50 % ihres Einkommens in Form von Steuern, Sozialabgaben usw. wegnehmen darf[6], dass jedem ein bedingungsloses

---

[3]BVerfG, 15.12.1983, 1 BvR 209/83, BVerfGE 65, 1–71.
[4]BVerfG, 10.10-2017, 1 BvR 2019/16, Rn. 36 ff., zitiert nach juris.de.
[5]BVerfG, 09.02.2010, 1 BvL 1/09, zitiert nach juris.de.
[6]BVerfG, 22.06.1995, 2 BvL 37/91, Rn. 52, zitiert nach juris.de. Ablehnend: BVerfG, 18.01.2006, 2 BvR 2194/99, Rn. 29 ff., zitiert nach juris.de.

10 Legal oder illegal? – Das Ende des Gesetzes

Grundeinkommen in Höhe von 1500 EUR monatlich zusteht, dass alle Personen, die sich in Deutschland aufhalten, wahlberechtigt sind oder dass jeder, der möchte, nach Deutschland einreisen und hier bleiben darf. Die Abschaltung der Atomkraftwerke könnte gestoppt, die Verstaatlichung von Banken erzwungen werden. Und auch jede bisherige Entscheidung des Bundesverfassungsgerichts könnte revidiert werden.

Gibt es eine Grenze? Art. 79 Abs. 3 Grundgesetz enthält die sogenannte Ewigkeitsklausel:

> Eine Änderung dieses Grundgesetzes, durch welche die Gliederung des Bundes in Länder, die grundsätzliche Mitwirkung der Länder bei der Gesetzgebung oder die in den Artikeln 1 und 20 niedergelegten Grundsätze berührt werden, ist unzulässig.

Doch daraus folgt nur, dass die Richter am Bundesverfassungsgericht ein Gesetz für verfassungswidrig erklären können, wenn es nach ihrer Ansicht gegen Art. 79 Abs. 3 verstößt. Aber was ist, wenn eine Entscheidung des Bundesverfassungsgerichts selbst gegen die Ewigkeitsklausel verstößt? Dafür gibt es in Deutschland keinen Rechtsweg. Theoretisch möglich wäre allenfalls eine Anklage der Verfassungsrichter wegen Rechtsbeugung. Doch selbst im Fall einer Verurteilung würde das nichts an der Wirksamkeit der zuvor getroffenen Entscheidung ändern. Helfen könnten allenfalls noch überstaatliche Gerichte wie der Europäische Gerichtshof (EuGH) oder der Europäische Gerichtshof für Menschenrechte (EGMR) – aber das würde nichts nützen, wenn die Richter am Bundesverfassungsgericht anschließend entscheiden, dass ein solches Urteil aus Sicht des Grundgesetzes nicht bindend ist. Rein rechtlich kann man gegen eine Entscheidung der Verfassungsrichter deshalb nichts machen. Aus Sicht der Rechtsordnung ist niemand befugt, eine Entscheidung des Bundesverfassungsgerichts zu überprüfen und aufzuheben.

Diese Freiheit der Verfassungsrichter kann aber zu einem echten Problem werden. Denn ob unser Gemeinwesen weiter so ein relativ liberales und soziales Land bleibt, „in dem wir gut und gerne leben", hängt maßgeblich von den jeweiligen Verfassungsrichtern ab. Entscheidend ist, wer entscheidet. Die Richter des Bundesverfassungsgerichts werden von den im Bundestag und Bundesrat sitzenden Politikern ausgewählt. Im Moment haben wir deshalb relativ moderate Verfassungsrichter, die grundsätzlich mit der politischen Linie der etablierten Parteien übereinstimmen. Und es gibt ein paar Vorkehrungen, damit das auch so bleibt. Die Richter am Bundesverfassungsgericht werden mit Zweidrittelmehrheit je zur Hälfte von Bundestag und Bundesrat gewählt. Ihre Amtszeit beträgt zwölf Jahre und sie können nicht vorzeitig entlassen werden. Das verhindert, dass eine neue politische Mehrheit kurzfristig Einfluss nehmen kann. Doch das ist nur eine aktuelle Momentaufnahme. Wie sieht es auf lange Sicht aus?

Besteht unsere Verfassung diesmal einen Stresstest?
1933 wurde die Weimarer Reichsverfassung durch das Ermächtigungsgesetz faktisch ganz legal ausgehebelt. Die Väter und Mütter des Grundgesetzes wollten unbedingt verhindern, dass sich so etwas wiederholen kann. Dazu haben sie in das Grundgesetz eine ganze Reihe sogenannter Verfassungsschutznormen aufgenommen. Das Bundesverfassungsgericht kann zum Beispiel eine politische Partei für verfassungswidrig erklären (Art. 21 Abs. 2 GG) oder bestimmen, dass jemand bestimmte Grundrechte verwirkt, wenn er sie zum Kampf gegen die freiheitliche demokratische Grundordnung missbraucht (Art. 18 GG). Im Ernstfall kann die Bundesregierung heute

10 Legal oder illegal? – Das Ende des Gesetzes

sogar die Bundeswehr im Innern einsetzen (Art. 87a Abs. 4 GG). Doch sind wir damit wirklich auf der sicheren Seite? Machen wir die Probe auf's Exempel. Angenommen wir bekommen italienische oder griechische Verhältnisse und jeweils eine sehr linke und eine sehr rechte Partei bilden gemeinsam die Regierung. Diese beiden scheinbar ungleichen Partner eint ein Wunsch: Alles soll nun anders werden. Man schmiedet große Pläne und beschließt viele neue Gesetze. Doch die Opposition im Bundestag klagt dagegen regelmäßig vor dem Bundesverfassungsgericht und bekommt immer Recht. Nach ein paar Monaten ist die neue Regierung ziemlich frustriert. Sie wendet sich an einen emeritierten Rechtsprofessor und bitte ihn um Rat. Der denkt gründlich nach und schreibt ein schönes Gutachten. Darin heißt es sinngemäß: Die genaue Ausgestaltung der Verfassungsgerichtsbarkeit ist in Deutschland nicht direkt in der Verfassung geregelt, sondern in einem einfachen Bundesgesetz. Um das Bundesverfassungsgerichtsgesetz zu ändern, bedarf es deshalb nicht einer Zweidrittelmehrheit in Bundestag und Bundesrat, sondern es genügt die einfache Mehrheit im Bundestag. Gesagt, getan. Die beiden Koalitionäre ändern also das Bundesverfassungsgerichtsgesetz. Für die Wahl der Verfassungsrichter genügt ab jetzt eine einfache Mehrheit. Eine Verkürzung der Amtszeit und eine Herabsetzung der Höchstaltersgrenze sorgt zudem dafür, dass ein Großteil der bis dato amtierenden Verfassungsrichter alsbald ausscheidet. Auf diese Weise können die beiden Regierungsparteien jetzt relativ zügig in jedem der beiden Senate vier eigene Kandidaten unterbringen. Und das genügt aus ihrer Sicht. Denn ein Gesetz kann nur dann für verfassungswidrig erklärt werden, wenn mindestens fünf der acht Richter eines Senats dafür stimmen.

Wie zu erwarten klagt die Opposition im Bundestag gegen eine solche Änderung des Bundesverfassungsgerichtsgesetzes. Doch wer soll darüber entscheiden? Die bisherigen Verfassungsrichter, die nach dem neuen Gesetz aber nicht mehr im Amt sind, oder die bereits neu ernannten Richter? Aufgrund der Macht des Faktischen liegt es nahe, dass sich letztlich die Regierung durchsetzt. So gab es zum Beispiel auch in Polen zunächst massive Kritik gegen die von der PiS-Regierung beschlossenen Justizreformen der letzten Jahre. Dadurch war die Altersgrenze der Richter am Obersten Gericht gesenkt worden und mehr als ein Drittel der Richter wurden in den Ruhestand versetzt. Dennoch sind die neuen Richter mittlerweile im Amt und ihre Urteile werden befolgt.

Um eine solche Änderung des Bundesverfassungsgerichts wirksam werden zu lassen, bleiben jetzt nur noch der Bundespräsident, der nach Art. 82 GG die Gesetze ausfertigen und im Bundesgesetzblatt verkünden muss, und der Bundesrat, der bei zustimmungspflichtigen Gesetzen seine Zustimmung verweigern kann. Bei zustimmungsfreien Gesetzen wie dem Bundesverfassungsgerichtsgesetz wäre bei einer Ablehnung durch den Bundesrat mit Zweidrittelmehrheit eine Zweidrittelmehrheit im Bundestag erforderlich. Vermutlich dürfte es einer Partei oder Regierungskoalition, die im Bundestag die absolute Mehrheit hat, aber gelingen, im Bundesrat eine Ablehnung mit Zweidrittelmehrheit zu verhindern. Denn entweder ist sie selbst an so vielen Landesregierungen beteiligt, dass sie im Bundesrat ein Drittel der Stimmen blockieren kann oder sie macht mit einigen Bundesländern einen entsprechenden politischen Deal. Dann hängt alles am Bundespräsidenten. Aber wäre er als Einzelner in der Lage, der Regierung auf Dauer zu widerstehen? Faktisch ist es so, dass die Bundesregierung über einen großen Verwaltungsapparat verfügt, insbesondere über den

Verfassungsschutz, die Bundespolizei und die Bundeswehr. Dagegen ist der Bundespräsident personell eher mager ausgerüstet. Das Bundespräsidialamt hat 180 Mitarbeiter und einen Verbindungsoffizier. Über eigene Sicherheitskräfte gebietet der Bundespräsident nicht. Eine skrupellose Bundesregierung hätte daher wohl genügend Möglichkeiten, den Bundespräsidenten so lange zu „bearbeiten", bis er das Gesetz unterschreibt.

Möglicherweise müsste eine zu allem entschlossene neue Regierung aber gar nicht einmal zu so unlauteren Mitteln greifen. Die Geschichte zeigt, dass sich gerade Richter meistens ganz von selbst dem jeweiligen Zeitgeist anpassen. So hätte zum Beispiel nach der Machtergreifung der Nazis ab 1933 jeder damals amtierende Richter die Rassengesetze und andere gegen die Menschenwürde verstoßenden staatlichen Maßnahmen unter Berufung auf allgemeine Rechtsgrundsätze juristisch korrekt als verfassungswidrig und damit nichtig bewerten können. Zumindest in der Anfangszeit hätte das vermutlich auch nicht zu besonders schwerwiegenden Konsequenzen für Leib und Leben geführt. Dennoch ist kein solcher Fall richterlichen Ungehorsams bekannt. Zwar mag der ein oder andere Richter im Einzelfall still und leise die Gesetze entsprechend human ausgelegt haben. Aber aus der Justiz gab es keine größeren Proteste oder gar massenhafte Rücktritte von Richtern. Und warum sollte das heute anders sein?

In der Türkei hat Staatspräsident Recep Tayyip Erdogan die Justiz mittlerweile ohne größeren Widerstand gleichgeschaltet. Schon nachdem 2013 gegen die Regierung wegen Korruption ermittelt wurde, kamen tausende Beamte, Staatsanwälte und Richter ins Gefängnis oder wurden entlassen. Das verstärkte sich nach dem gescheiterten Putschversuch 2016. Seitdem wurden über hunderttausend Beamte, Soldaten, Polizisten und Richter entlassen oder inhaftiert und durch loyale Personen ersetzt. Und die noch verbliebenen Richter passen sich aus Angst und Eigennutz freiwillig an. So berichtet ein mittlerweile in Deutschland lebender ehemaliger türkischer Richter von einem anderen Richter, der einen Haftbefehl gegen einen als mutmaßlichen Putschisten angeklagten Kollegen erlässt: „Danach zieht er die Robe aus, geht auf den Kollegen zu, umarmt ihn, weint: ‚Ich musste es tun, sonst hätten sie mich drangekriegt.'"

Das wahrscheinlichste Szenario ist daher: Der Bundespräsident unterschreibt das Gesetz, mit dem das Bundesverfassungsgerichtsgesetz geändert wird. Die Regierungskoalition wählt mit ihrer Mehrheit für jeden der beiden Senate vier eigene Kandidaten. Und das Bundesverfassungsgericht entscheidet dann über die Änderung des Bundesverfassungsgesetzes in neuer Besetzung. Dabei verhindern die vier neuen Richter, dass das Gesetz als verfassungswidrig aufgehoben wird. Damit bleibt das Gesetz in Kraft. Und ab sofort bleiben Gesetze, die nach bislang herrschender Meinung als Verstoß gegen das Grundgesetz angesehen worden wären, vor dem Bundesverfassungsgericht bestehen. Denn es fehlt an der für die Feststellung der Verfassungswidrigkeit erforderlichen Mehrheit von fünf Richtern. Und dann wird es eng. Denn die Geschichte lehrt, dass Richter, Staatsanwälte und die bewaffneten Sicherheitskräfte auch fragwürdige Gesetze anwenden und durchsetzen. Es ist deshalb keineswegs sicher, dass unsere heutige Verfassung eine legale Machtergreifung auf jeden Fall verhindern könnte.

11

Auf zu neuen Ufern – die 10 besten Strategien, mit Gesetzen umzugehen

> **Übersicht**
>
> Entscheidend ist, wer entscheidet. Dieses Prinzip gilt überall im Recht. Und daran wird sich aufgrund der menschlichen Natur auch nichts ändern. Doch keine Angst. In der Realität ist das Ergebnis eines Rechtsstreits für erfahrene Juristen in vielen Fällen trotzdem relativ sicher vorhersehbar. Denn häufig sind die Umstände so eindeutig, dass es egal ist, welcher konkrete Richter das Urteil fällt. Spannend wird es, wenn die Sache nicht so klar ist. Denn dann wirken sich die subjektiven Motive der Beteiligten tatsächlich aus und können (!) zu unterschiedlichen Ergebnissen führen. Und das können Sie gezielt zu Ihrem Vorteil nutzen.

Check it out

Schauen wir uns nochmals die im Vorwort angesprochenen Fälle an. Warum kommen die steuervermeidenden Firmen, die prominenten Politiker und die hochrangigen Manager mit ihren Gesetzesverstößen ungestraft davon? Mögliche

Antworten sind: Die Steuerprüfer durchschauen die komplizierten Steuersparmodelle von Google & Co. einfach nicht. Vielleicht halten sie dieses Vorgehen aber auch subjektiv für legal. Oder sie werden von ihren Vorgesetzten angewiesen, nichts dagegen zu unternehmen. Im Fall der prominenten Politiker und hochrangigen Manager könnten die milden Strafen darauf beruhen, dass Staatsanwälte und Richter durch einen Deal diese oft komplizierten Wirtschaftssachen schnell vom Tisch haben wollen. Vielleicht sind sie aber auch tatsächlich von der Unschuld der Angeklagten überzeugt. Oder der Justizminister hat dem Staatsanwalt eine entsprechende Weisung erteilt.

Woran es im Einzelfall jeweils konkret lag, das wissen nur die unmittelbar Beteiligten. Denn als Außenstehende erfahren wir von den als ungerecht empfundenen Geschichten immer nur mehr oder weniger gefiltert durch die Medien. Dort ist das Geschehen aber schon für das jeweilige Zielpublikum zusammengefasst und mehr oder weniger qualifiziert bewertet. Wer nicht direkt am Prozess beteiligt ist, kennt weder die Akten, noch die konkreten Aussagen der Beteiligten. Je weiter weg man vom tatsächlichen Geschehen ist, desto weniger Gewissheit gibt es.

> Solange Gesetze von Menschen angewendet werden, wird es die Möglichkeit geben, subjektive Motive und Interessen einfließen zu lassen. Letztlich weiß nur der Richter, ob das, was er ins Urteil schreibt, wirklich seiner inneren Überzeugung entspricht. Doch das ist nicht zwangsläufig schlecht. Denn diesen Umstand kann man nutzen – für sich persönlich oder um das Gute in der Welt zu mehren!

Die 10 besten Strategien, mit Gesetzen umzugehen
1. Argumentieren Sie juristisch

Kommen Sie einem Richter, Staatsanwalt oder Verwaltungsmitarbeiter nie mit moralischen Erwägungen oder allgemeinen Gerechtigkeitsaspekten. Verpacken Sie alle ihre Argumente in eines der vier Auslegungskriterien Wortlaut, Systematik, Entstehungsgeschichte oder Sinn und Zweck der Norm. Oder lassen Sie das gleich von jemandem machen, der sich damit auskennt und weiß, wie das geht.

2. **Engagieren Sie einen geeigneten Rechtsanwalt**
   Lassen Sie die Finger von Streitigkeiten, in denen es nur um Kleckerbeträge oder ums Prinzip geht. Das kostet im Ergebnis immer nur eine Menge Lebenszeit und Nerven. Ist Ihnen eine Sache wirklich wichtig? Dann beauftragen Sie sofort einen guten Anwalt.

> Woran erkennt man einen guten Anwalt? Wie bei Ärzten gibt es dafür keine wirklich objektiven Kriterien. Letztlich ist es trial and error. Die höchste Aussagekraft haben wohl noch positive Bewertungen von Personen, die den Anwalt persönlich kennen und(!) in der Lage sind, die Qualität seiner Arbeit realistisch einzuschätzen (also vor allem ehemalige Gegner und deren Anwälte). Weitere Indizien sind der finanzielle Erfolg (zeigt sich u. a. an Lage, Größe und Ausstattung der Kanzlei) und die Anzahl der Jahre, die der Anwalt schon am Markt tätig ist. Ein Fachanwaltstitel belegt, dass der Anwalt eine 120-stündige Fortbildung gemacht und eine gewisse Anzahl von Fällen eigenständig bearbeitet (nicht unbedingt gewonnen) hat. Das allein ist zwar noch kein Gütemerkmal, bietet aber zumindest eine gewisse Gewähr, dass er in „seinem" Gebiet die wichtigsten Gesetze und Urteile kennt.

3. **Schreiben Sie Tagebuch**
   Vor Gericht wird viel gelogen und noch mehr vergessen. Deshalb: Wenn etwas wirklich wichtig ist, dann schreiben Sie zeitnah alles Relevante dazu auf. Führen Sie Tagebuch. Glaubhafte Aussagen überzeugen den Richter. Notieren Sie Aussagen von aggressiven Nachbarn oder

windigen Verkäufern wörtlich und mit Datum. Solche Aufschriebe sind später vor Gericht Gold wert.

4. **Beschaffen Sie sich die notwendigen Beweismittel**
Überlassen Sie die Beweiswürdigung nicht dem Zufall. Nehmen Sie zu Verhandlungen und wichtigen Terminen immer eine vertrauenswürdige Person mit. Die kann später als Zeugin vor Gericht ihre Angaben bestätigen. Und Richter lieben es, wenn ein Zeuge genau das sagt, was erforderlich ist, um den Fall schnell und zeitsparend zu beenden. Wenn Sie eine Kündigung zustellen wollen: Lassen Sie das Schriftstück von einer anderen Person in den Umschlag legen und in den Briefkasten einwerfen. Machen Sie eine Kopie des Schreibens und lassen Sie den Boten darauf unterschreiben, dass er ein Schreiben mit exakt diesem Inhalt in den Briefkasten geworfen hat (mit Datum und Unterschrift). Dann können Sie den Zugang der Kündigung später vor Gericht sowohl mit einer Urkunde als auch mit einem Zeugen beweisen. Das freut den Richter.

5. **Machen Sie dem Richter klar, dass er eine Menge Zeit sparen kann**
… wenn er zu Ihren Gunsten entscheidet. Präsentieren Sie dem Richter eine Argumentationskette, wie er einfach, schnell und dennoch juristisch korrekt zu Ihren Gunsten entscheiden kann, ohne sich dabei innerhalb der Justiz angreifbar zu machen. Wenn er zunächst nicht anbeißt: Blähen Sie das Verfahren auf. Legen Sie eine Unmenge von Dokumenten, komplizierten Bilanzen und umfangreichen Gutachten vor. Benennen Sie möglichst viele Zeugen. Und kündigen Sie an, dass Sie bei einer Niederlage auf jeden Fall in die nächste Instanz gehen werden.

6. **Seien Sie nett zu Beamten & Co.**
Staatsdiener werden oft respektlos behandelt, vor allem wenn sie mit allen Teilen der Gesellschaft in Kontakt

kommen. Die meisten sind geradezu dankbar, wenn sie auf jemanden treffen, der nett ist, sich einigermaßen vernünftig ausdrücken kann und alle erforderlichen Unterlagen dabei hat. Sie können sich nicht vorstellen, wie schnell dann Anträge bearbeitet und bewilligt werden oder wie zuvorkommend manche Beamte ihren Ermessensspielraum zu Ihren Gunsten ausüben.

7. **Nehmen Sie Niederlagen vor Gericht nicht persönlich**
Sehen Sie einen Rechtsstreit als das an, was er seinem Wesen nach ist: ein Spiel, bei dem der Zufall eine große Rolle spielt. Wenn Sie verlieren, dann nehmen Sie es sportlich. Diesmal hatten Sie halt Pech, aber ein anderer Richter hätte völlig anders entscheiden können. Und schon beim nächsten Mal kann die Sache anders ausgehen. Dann gewinnen Sie, obwohl ihre rechtliche Position nicht die Beste ist.

8. **Wirken Sie auf Ihr Umfeld ein**
Ihr Nachbar ist Richter am BGH? Ihr Vereinskollege ist Oberstaatsanwalt? Ihr Onkel Kriminalpolizist? Prima, dann haben Sie vermutlich mehr Einfluss auf die praktische Umsetzung von Recht und Gesetz, als ein langjähriger Hinterbänkler im Bundestag. Sprechen Sie mit diesen Personen. Überzeugen Sie sie von dem, was Sie für richtig halten. Bringen Sie sie dazu, ihren Ermessensspielraum entsprechend zu nutzen. Erziehen Sie Ihre Kinder so, dass diese später als Richter, Polizist oder Kontrolleur die Eigenheiten des Rechtssystems für das Gute ausnutzen.

9. **Befolgen Sie Gesetze nicht blind**
Bleiben Sie grundsätzlich rechtstreu, aber vermeiden Sie blinden Gesetzesgehorsam. Machen Sie wenigstens dann eine Kosten-Nutzen-Analyse, wenn die Befolgung eines Gesetzes zum Ruin oder zu irreversiblen Nachteilen für Sie oder andere führen kann. Unterstützen Sie Mechanismen, die dafür sorgen, dass sich keine Person

oder Gruppe dauerhaft an der Macht festsetzen kann. Diktaturen jeder Coleur waren in der Realität auf lange Sicht für die große Mehrheit immer mit Gewalt, Unterdrückung und Armut verbunden.

10. **Nutzen Sie die Rechtsordnung proaktiv**

Lernen Sie mehr über Recht und Gesetz und wie die beteiligten Personen ticken. Jetzt wissen Sie, wie es grundsätzlich abläuft. Und wenn Sie erst einmal die aktuell geltenden Gesetze kennen und verstehen, dann ergeben sich ganz von allein viele neue Möglichkeiten, an die Sie heute noch gar nicht denken. Es gibt didaktisch hervorragende und leicht lesbare Einführungen in die wichtigsten Rechtsgebiete, vor allem von den großen kommerziellen Repetitoren (das sind die Leute, die die Jura-Studenten fit fürs Examen machen). Probieren Sie es aus. Jura ist nicht kompliziert. Und wer sich mit Gesetzen auskennt, dem öffnen sich in einem Rechtsstaat viele Türen …

GPSR Compliance
The European Union's (EU) General Product Safety Regulation (GPSR) is a set
of rules that requires consumer products to be safe and our obligations to
ensure this.

If you have any concerns about our products, you can contact us on

ProductSafety@springernature.com

In case Publisher is established outside the EU, the EU authorized
representative is:

Springer Nature Customer Service Center GmbH
Europaplatz 3
69115 Heidelberg, Germany

www.ingramcontent.com/pod-product-compliance
Lightning Source LLC
LaVergne TN
LVHW011004250326
834688LV00004B/68